AF453378

L'ART FRANÇAIS DEPUIS VINGT ANS

LES DÉCORATEURS DU LIVRE

L'ART FRANÇAIS DEPUIS VINGT ANS

COLLECTION PUBLIÉE SOUS LA DIRECTION DE
M. LÉON DESHAIRS

<table>
<tr><td>L'ARCHITECTURE,</td><td>par H.-M. MAGNE.</td></tr>
<tr><td>LA SCULPTURE,</td><td>par P. VITRY.</td></tr>
<tr><td>LA PEINTURE,</td><td>par T. KLINGSOR.</td></tr>
<tr><td>LES DÉCORATEURS DU LIVRE,</td><td>par CH. SAUNIER.</td></tr>
<tr><td>LA DÉCORATION THÉATRALE,</td><td>par L. MOUSSINAC.</td></tr>
<tr><td>LES TISSUS, LA TAPISSERIE, LES TAPIS,</td><td>par G. MOUREY.</td></tr>
<tr><td>LE MOBILIER,</td><td>par E. SEDEYN.</td></tr>
<tr><td>LE TRAVAIL DU MÉTAL,</td><td>par H. CLOUZOT.</td></tr>
<tr><td>LA CÉRAMIQUE ET LA VERRERIE,</td><td>par R. DE FÉLICE.</td></tr>
<tr><td>LA MODE,</td><td>par E. HENRIOT.</td></tr>
</table>

L'ART FRANÇAIS DEPUIS VINGT ANS

LES DÉCORATEURS DU LIVRE

PAR

CHARLES ⌐SAUNIER

24 PLANCHES HORS TEXTE

F. RIEDER ET Cⁱᵉ, ÉDITEURS
7, PLACE SAINT-SULPICE, 7
PARIS VIᵉ
MCMXXII

AVANT-PROPOS

C'est une opinion de tous les temps qu'un texte manuscrit ou imprimé gagne à être décoré. Les miniaturistes et enlumineurs du moyen âge et de la Renaissance ont ainsi laissé des pages historiées dont la vue est, pour l'œil autant que pour l'esprit, un rare plaisir. Ces pages ont même, à cette heure, la valeur d'un enseignement.

Un égal désir d'agrémenter leur ouvrage hanta les premiers typographes, quoiqu'ils ordonnassent, avec les seuls caractères d'imprimerie d'un dessin presque tout de suite excellent, des livres d'une exécution si parfaite, aux noirs et aux blancs si bien répartis, que nous nous émerveillons qu'ils aient pu souhaiter davantage. Cependant, ils augmentèrent très tôt l'intérêt de leurs impressions par l'adjonction de lettres ornées et de figures se rapportant plus ou moins étroitement à l'esprit du texte. La pure illustration a, depuis, supplanté cette gentille ornementation. Elle a même conquis une telle place que, depuis maintes années, l'expression « beau livre » implique généralement la présence de nombreuses images.

Cependant, en raison même de la qualité d'esprit de ceux qui ouvrent le volume, il est permis de dire que, trop souvent, l'illustration telle qu'elle est entendue, c'est-à-dire suivant rigoureusement le texte et même y ajoutant en ironie, en dramatique, en sensualisme, est importune. Elle risque de ne pas s'accorder avec la conception du lecteur, bien libre d'imaginer autrement héros et épisodes; elle gêne plus sûrement encore la méditation des passionnés qui lui reprochent de s'interposer entre eux et la pensée de l'auteur.

L'illustration littérale, qui n'est que la fixation de l'incident romanesque, comporte d'ailleurs maints risques. Le dessinateur ne saisit pas toujours les particularités du texte qu'il interprète, — on cite des confusions bien singulières. Et puis, en ce qui touche les personnages, les artifices de la parure, la richesse du mobilier, l'idéal se modifie à chaque époque. — Ne doit-on pas au théâtre, à chaque reprise de la Dame aux Camélias, augmenter le chiffre des dépenses, corriger les détails de toilette, d'ameublement? Quel danger d'imposer trop étroitement un type, un costume, d'évoquer un confortable destiné à paraître désuet! Il est, par exemple, signées de noms honorables, des images contemporaines de Louis-Philippe ou de Napoléon III, qui paraissent, avec le recul du temps, d'un comique achevé. Cependant, *elles évoquèrent, en leur nouveauté, l'amour, la richesse, le raffinement des manières. Il est, par contre, des artistes dont la vision est si originale, dont les qualités de charme et de distinction sont de si rare essence, qu'il est difficile de concevoir autrement qu'ils les présentèrent certains types ou certaines scènes. Mais c'est là l'exception et l'on comprend la pudeur de la famille d'Eugène Fromentin se refusan à laisser interrompre par d'indiscrètes silhouette* les confidences de Dominique.

Il s'ensuit qu'un très beau livre devrait unique ment tenir son charme de sa typographie bien soignée et de quelques ornements adroitement dis-posés. Faut-il rappeler qu'un des plus célèbres ouvrages qui honorent l'art typographique, et qui se trouve être, d'ailleurs, un manuel technique, tient sa rare beauté du seul mariage de la lettre et des bandeaux et fleurons qui l'accompagnent. Nous entendons parler du* Champfleury ou art et science de la vraye proportion des lettres, *publié en 1529 à Paris, chez Gilles de Gourmont, par Geoffroy Tory de Bourges.*

Mais les temps ont changé. Depuis plusieurs siècles, l'illustration prime la pure décoration. A l'heure actuelle où, pourtant, le livre décoré, unique-ment décoré par des moyens typographiques, *tend à revenir en faveur, on considère comme artistique-ment réussie toute publication dont la typographie, les fleurons, les figures, le papier, la couverture, font*

un tout harmonieux, surtout riche. Et ceux qui colla-
borèrent à son heureuse venue ont, à des titres divers,
le droit de réclamer leur part de notoriété comme
décorateurs du Livre. Nous nous réservons de la
leur reconnaître, selon la mesure de leur mérite réel.

I

LES ARTISANS DU BEAU LIVRE

Que faut-il pour mener à bien un beau livre ?

Un éditeur lettré et artiste qui coordonnera l'effort de ses collaborateurs, comme le chef d'orchestre accorde cuivres et violons ; un fondeur en caractères fournissant des types en accord avec l'esprit de l'ouvrage ; un imprimeur expert ; par-dessus tout des artistes — dessinateur, graveur — bien pénétrés de leur rôle et capables de collaborer intimement pour le plus grand succès du volume en préparation.

Mission difficile que la leur. De l'aveu d'un éditeur des plus intelligents, mais furieusement jaloux de sa personnalité, le rôle du créateur d'images n'est pas médiocre : « Il doit d'abord traduire plastiquement l'idée d'un écrivain, sans trahison comme sans platitude. C'est une lutte courtoise qui s'engage entre lui et l'auteur ; mais tandis que l'auteur a pu choisir son sujet, lui est obligé de subir le sujet qu'on lui impose. » Et ce n'est là qu'une partie de sa mission. Il doit également prévoir l'effet de ses dessins dans la mise en pages : « Avoir toujours présent devant les yeux l'endroit qu'occupera l'illustration ; en varier constamment la forme, de manière qu'elle soit épousée par le texte, comme les découpures d'une île le sont par les flots de la mer ; laisser produire au papier le plus d'effet possible (1). »

Quant au graveur, il faut qu'il rende livresques ces illustrations, c'est-à-dire qu'il les accorde en lignes et en couleur avec l'impression. Et par quels moyens ? La gravure sur bois, très typographique, ou la gravure sur cuivre, — burin ou eau-forte, — d'apparence plus précieuse.

Le bois, de tous ces moyens le plus préférable, a ses titres de noblesse. C'est à lui qu'a recours l'éditeur en l'âge d'or de l'imprimerie. Car lui seul offre la commodité d'ornements et de figures découpés en relief et pouvant être tirés en même temps que la composition. Lui seul, aussi, accuse au tirage des blancs francs et des noirs vigoureux qui, mariés à la gothique primitive, puis aux caractères de Nicolas Janson, des Alde, de Simon de Colines donnent chaleur et vérité à la page, ainsi qu'en témoignent le *Térence* (Ulm, 1486), *la Mer des Hystoires* (Paris, 1488), *De Claris Mulieribus* (Ferrare, 1497), *le Songe de Polyphile* (Venise, 1499). C'est le

____

(1) Édouard PELLETAN, *le Livre* (Paris 1896).

bois encore qui donne tant de vérité aux simulacres de constructions inclus dans les traités d'architecture de la Renaissance, beaux ouvrages que Serlio, Palladio, Jean Goujon fournirent de dessins.

Mais on se lasse des plus excellentes et utiles choses, et, avant la fin du XVIᵉ siècle, le cuivre a les préférences des nouveaux éditeurs. C'est qu'aussi, à l'image franche, naïve, a succédé l'allégorie prétentieuse le plus souvent disposée en frontispice, hors de la typographie. Or, pour accuser le dessin savant des figures qui la peuplent, les tailles propres et régulières du burin semblent préférables. C'est l'opinion du célèbre imprimeur Plantin pour lequel ne dédaigne pas de travailler Rubens. Le mouvement s'étend à la France. Mais elle a la fortune d'être très vite riche en graveurs originaux, c'est-à-dire capables de graver leurs propres compositions. Et ceux-ci, Léonard Gaultier, Jacques Callot, Abraham Bosse, Sébastien Le Clerc, par les libres inventions de leur burin, préparent la gracieuse fantaisie de l'eau-forte, procédé plus souple qui triomphe durant tout le XVIIIᵉ siècle. Claude Gillot, Boucher, Gravelot, Choffard, Moreau le Jeune réussissent, en effet, ce tour de force de combiner en hors-texte et parfois en haut et bas de chapitre des illustrations tirées en creux, aux tonalités si légères qu'elles s'accordent à merveille avec les fontes élégantes, un peu hautes et maigres de l'époque, en même temps qu'elles récréent le lecteur, en coupant d'un commentaire spirituel, jamais importun, des récits que d'ailleurs le goût du temps voulait sans austérité.

Le xixe siècle devait mettre à la disposition de l'édition : la lithographie, la gravure sur acier, enfin les procédés photomécaniques et chromographiques. Ces arts et moyens ont donné leurs preuves dans quelques livres notoires, mais sans jamais atteindre aux mérites de la gravure sur bois, ni même à l'amabilité de l'eau-forte.

La lithographie, en effet, comme la gravure sur cuivre, exige un tirage particulier. Elle ne se fond donc jamais avec un texte. Toutefois, comme elle permet au dessinateur de jeter directement sur la pierre jouant le rôle de matrice ses visions et sensations et d'en conserver au tirage la fleur, par une alternance de beaux noirs veloutés et de gris vaporeux, on comprend qu'elle ait tenté et tente encore maints artistes. Seule la lithographie pouvait permettre, par exemple, un ouvrage tel que *les Voyages de l'ancienne France* du baron Taylor (Didot, 1820), remplis de notations originales dues à Bonington, à Dauzats et autres. Les procédés lithographiques eurent le tort, dans la suite, d'engendrer un mode d'illustration détestable, la chromolithographie, qui est à la miniature, à l'enluminure et à la peinture ce qu'est aux liqueurs délectables obtenues par la distillation du produit des nobles vignes ou des plantes aromatiques le « vitriol » des cabarets borgnes.

Vers le temps où la jeune lithographie donnait ses plus séduisants résultats, l'Angleterre s'engouait de la gravure sur acier, propre et distinguée mais froide et grise, et la vogue s'en étendit un moment à la France, curieuse de ces almanachs, de ces keepsakes où tant de portraits de belles rêveuses alternent avec des vues d'Écosse et d'Italie. Service autrement précieux, c'est d'Angleterre que revenait la gravure sur bois, quasi oubliée en France. Aux environs de 1830, quelques-uns de ses graveurs passaient le détroit et ce sont eux et leurs élèves ou émules français qui, dans des publications populaires et bientôt dans des ouvrages plus relevés, multiplient ces vignettes dont l'esprit, la couleur, la franchise d'accent donnent une inoubliable saveur aux éditions romantiques. Chaque dessinateur eut son interprète préféré. Celui de Daumier fut Birouste ; Lavoignat grava pour Raffet et plus tard Meissonnier ; l'illustrateur si heureux des *Contes Rémois* (Michel Lévy, 1858), Sotain, fut l'interprète élu de Gustave Doré dans sa première manière, celle du *Rabelais* de Bry (1854) et des *Contes drolatiques* (Société Générale de Librairie, 1855). Mais Brévière et Porret ont été les grands initiateurs. C'est à Porret, lequel excelle à graver en fac-similé de croquis, qu'en 1830 l'éditeur Delangle confia la taille des croquetons nerveux et colorés dont Tony Johannot enrichit l'*Histoire du roi de Bohême et de ses sept châteaux* de Charles Nodier, — livre charmant qui est précisément le point de départ de la nouvelle vogue de la gravure sur bois. Il n'est pas trop de ces deux artistes et de leurs confrères pour exécuter les six cents vignettes d'après Jean Gigoux entrant dans l'illustration du *Gil Blas de Santillane* (Paulin, 1835), autre fameux livre. Jusqu'ici, et bien après encore, les graveurs n'ont qu'à suivre le trait du dessinateur. C'est tout autre chose quand Gustave Doré, grisé par le succès et dominé par sa fièvre de production, livre à ses graveurs des dessins peu arrêtés, mis à l'effet à l'aide de teintes d'encre de Chine. Force leur est de rechercher, pour rendre la valeur de ces teintes, un système de tailles donnant à l'impression des effets équivalents. Tâche délicate et périlleuse, — car Gustave Doré se montre, vis-à-vis de ses collaborateurs, plein d'exigences, — et qui amène dans la manière de graver une révolution : la teinte et la virtuosité qu'elle entraîne remplacent le clair et incisif fac-similé romantique. Le maître du « bois de teinte » est Pisan, le grand interprète de Doré pour *l'Enfer* (1861), et *Don Quichotte* (1863, Hachette), *le Juif-Errant*, le second *Rabelais* (Garnier, 1873). A sa suite viennent Pannemaker, Lavieille, Maurand, Trichon et d'autres. Pendant ce temps l'atelier Yon-Perrichon est accaparé par l'éditeur Hetzel pour graver dans un même esprit les puissantes compositions de Brion et de Chifflart, entrant dans *Notre-Dame de Paris, les Misérables, les Travailleurs de la mer,* ces œuvres magnifiques de Victor Hugo.

Mais voici le bois menacé d'un bien autre péril et dont il semble, un instant, ne pouvoir se relever : l'entrée en scène de la photogravure, procédé économique et se recommandant d'une apparence de fidélité. En utilisant le simple « gillotage », la librairie Bonhoure donne un livre charmant semé de croquetons de Daniel Vierge : *Don Pablo de Ségovie* (1882). Puis, en perfectionnant les procédés de sa maison, Charles Gillot lui-même mène à bien, avec la collaboration de Grasset pour l'illustration, un livre imprimé en couleurs qui fait époque : *Les quatre fils Aymon* (Launette, 1883). Chaque page, différemment teintée et décorée de vues de villes, d'effigies de Preux, d'arabesques florales aux polychromies variées, est un plaisir pour les yeux. Et cette abondance n'exclut ni l'harmonie, ni la bonne tenue typographique.

Chef-d'œuvre si l'on veut, mais fragile en ce sens qu'il demande des soins spéciaux; la moindre dissonance entraînant la trivialité. Cependant, c'est à son exemple qu'ont été tirées, en 1898, *Les aventures merveilleuses de Huon de Bordeaux* (Firmin-Didot), illustrées d'aquarelles en couleur de Manuel Orazi, et c'est en recourant toujours à ces procédés photomécaniques et chromographiques, mais améliorés jusqu'à la perfection, que la librairie Piazza a donné ces magnifiques éditions de contes orientaux accompagnées de reproductions de miniatures si riches et nuancées qu'elles donnent l'illusion d'être originales.

Mais, tout de même, lorsque durant le même temps

les éditeurs veulent orner durablement quelque noble
ouvrage à grand tirage, c'est encore à la gravure sur
bois qu'ils ont recours. Aussi, est-ce avec son concours que sont traduits les dessins de Daniel Vierge
pour l'*Histoire de France* et l'*Histoire de la Révolution* de Michelet (Lacroix, 1876-1877). De même, ce
sont les graveurs A. Bellanger, E. Froment, Quesnel
qui interprètent les charmantes compositions semées
par Edmond Morin dans le texte de *Monsieur,
Madame et Bébé* de Gustave Droz, un chef-d'œuvre
de mise en pages (Havard, 1878) ; mais c'est Clément
Bellanger seul qui grave, d'après les dessins de Lher-
mitte, le dernier beau livre précédant la période dont
nous allons exclusivement nous occuper : *La Vie
rustique* d'André Theuriet (Launette, 1888).

Ah ! aussi, comment donner l'illusion du puissant
art de Rodin, de son modelé coloré, si ce n'est avec
l'aide de la gravure sur bois qui permet de réserver,
à côté de demi-teintes solides, des blancs sculptu-
raux. A cette interprétation excelle un graveur mort
trop tôt, A. Leveillé, le principal illustrateur de
l'*Auguste Rodin* publié par Léon Maillard (Floury,
1899).

II

PHYSIONOMIE DU BEAU LIVRE AU DÉBUT DU XXᵐᵉ SIÈCLE

Nous ne nous attarderons pas à parler des livres uniquement de luxe, établis à l'intention de collectionneurs sans culture, lesquels accumulent, mais ne lisent pas. Édités sur papiers exceptionnels, avec des caractères à la mode, mais parfois peu appropriés à l'esprit du texte, illustrés généralement de gravures sur cuivre, dont les modèles furent fournis par des notoriétés artistiques qui les conçurent selon l'esprit de leurs peintures de Salon, ils manquent trop souvent de personnalité. Chacun des collaborateurs a mené à la perfection sa partie ; pourtant l'ensemble n'est que heurts et contradictions.

Ceux qui nous intéresseront, ce sont les livres conçus avec goût ou même passion, d'un esprit franchement moderne et qui, tout en respectant les règles essentielles, innovent dans la science de l'édition.

Nous retiendrons donc, de préférence, les volumes où s'affirme la personnalité d'un metteur en œuvre que l'on peut nommer rien que sur la vue d'une page.

La rénovation du beau livre tel qu'il vient d'être défini ne remonte guère à plus de vingt-cinq ans. On était, enfin, las du volume de bibliophile type 1880, représenté par un petit in-8°, plus souvent un in-16, voire un in-32, formats qui répondaient aux dimensions de meubles prévus eux-mêmes pour des appartements de plus en plus étroits.

Aussi les éditeurs utilisaient-ils le conte plus que le roman, l'épisode plus que la véritable histoire. Le tout était de parer agréablement la marchandise : couverture gentiment illustrée tirée sur simili-soie, avant-propos dû à un chroniqueur à la mode, vignettes légères. Tirage à petit nombre, bien entendu, et à haut prix. C'était tout de même beaucoup exiger pour des volumes dont la lecture était terminée en moins d'une heure, pour une famille de livres dont le facile établissement ne demandait pas à ceux qui les lançaient de grands sacrifices. Le profit sembla certain et chaque quartier posséda sa librairie d'amateurs. Mais les volumes d'abord recherchés, choyés, connurent la désaffection, l'exil en province, puis la honte d'enchères sans gloire, quand leurs lanceurs n'eurent plus intérêt à soutenir les cours.

C'est contre cette conception, si fausse, du beau livre que les ordonnateurs des éditions d'art qui suivirent ont réagi. Plus lettrés que leurs devanciers, plus compréhensifs aussi, ils ont, selon l'expression de l'un d'eux, senti que «le véritable luxe d'un livre doit s'entendre de la supériorité de l'œuvre écrite, de la beauté de l'illustration, de l'appropriation de la typographie, de la perfection du tirage, de la qualité du papier et du nombre limité des exemplaires ». Cette dernière condition, imposée par les nécessités matérielles de l'exécution (lenteur du tirage à la presse à bras, par exemple), ne devenant qu'accessoires au lieu de jouer comme auparavant le rôle de garantie principale. Mais, comme il arrive toujours lorsqu'il s'agit de chercher le mieux, ce furent les audacieux, les indépendants, c'est-à-dire des artistes qui remirent l'édition dans le bon chemin. Justement inquiets de se voir préférer la photogravure ou, tout au moins, d'être tenus de singer les mièvreries de celles-ci, la corporation des graveurs sur bois, à laquelle s'adjoignaient par sympathie quelques-uns des meilleurs dessinateurs du moment, se constituait en « Société artistique du Livre illustré » et entreprenait une série de monographies sur *Paris Vivant* (1890). Faute de fonds, de lancement persistant, deux volumes seulement purent sortir : *Le Journal* avec texte de Clovis Hugues; *Le Théâtre*, dû à Francisque Sarcey. Pourtant, combien excellents ces jolis livres, combien séduisants avec leurs vignettes spirituelles, bien mises en pages ! A. Gérardin, A. Lepère, Moulignié, L. Tinayre en avaient fourni les dessins. Ceux de Lepère avaient naturellement été interprétés par lui-même; les autres avaient été gravés par H. Paillard, Clément Bellenger, L. Dété, F. Noël, J. Tinayre : toute l'équipe qui depuis quinze ans assurait la bonne tenue du *Monde Illustré*, dernière citadelle de la gravure sur bois.

Ce sont les mêmes qui, avec Tony Beltrand, Froment, Florian et quelques autres, devaient un peu plus tard, sous la menace d'une nouvelle offensive de la photogravure, fonder la belle revue *l'Image* (1897) et lancer ensuite les *Minutes Parisiennes* (Ollendorff, 1899), série de charmants petits volumes où, parmi des textes très littéraires signés de Gustave Geffroy, Gabriel Mourey, Henry Fèvre, Pierre Valdagne, Léon Millot, etc.., triomphait pleinement, et pour longtemps enfin, la gravure sur bois, la chaude, vivante et typographique gravure sur bois.

Dans un manifeste placé en tête du premier volume de la série : *Midi* par Georges Montorgueil, la corporation des graveurs, ou si l'on veut les directeurs responsables, T. Beltrand et Dété, plaidèrent en ces termes excellents la cause de leur profession, de la gravure franche, bien typographique, nettement opposée aux artifices de la photogravure et aux compromissions techniques que sa venue avait engendrées : « La gravure, et il n'est pas question seulement de la gravure originale, mais aussi de la gravure de reproduction, la gravure est un art qui a

dévorés du zèle de la maison de Dieu, s'arment du fer et du feu pour conserver tout cela, ils croient défendre en apôtres l'épouse de Jésus-Christ, et la venger de ses

ennemis. Comme si elle en avait de plus pernicieux que d'impies pontifes dont le silence laisse oublier le Sauveur, dont les lois intéressées l'enchaînent, qui corrompent sa doctrine par des interprétations forcées, qui le crucifient une seconde fois par leur vie scandaleuse.

AUGUSTE LEPÈRE.
Éloge de la Folie, 1906.

son aspect, sa signification, sa vie propre. Son dessin, son modelé, sa couleur qui relèvent, bien entendu, des lois générales de l'art, n'en ont pas moins leurs lois spéciales qui ne peuvent être transgressées sous peine de déchéance et de mort. Même lorsqu'elle reproduit, lorsqu'elle imite une œuvre d'un autre ordre, peinture, sculpture, objet, la gravure, par son principe même, est empêchée de devenir un art servile. Tout en obéissant à une conception en dehors d'elle, elle crée à nouveau par un moyen nouveau. Il lui faut apporter un résumé de l'œuvre choisie, et que ce résumé soit une gravure, c'est-à-dire que les ombres, les lumières, les valeurs, les volumes, les solides soient exprimés par des tailles, que ces tailles soient obtenues par le maniement du burin, le creusement de l'eau-forte, la découpure du bois. C'est le contraire de la prétendue gravure qui s'ingénie à maquiller, à masquer le travail du graveur, qui l'amène à ressembler à la simple reproduction photographique. La mécanique suffit pour ce beau résultat ».

Piqué par l'exemple de la corporation des graveurs sur bois, un amateur auquel sa fortune et sa réputation permettaient toutes les initiatives s'était, entre temps, lui aussi, improvisé éditeur : « Si tu veux des livres, fais-les toi-même. » Et, partant de cette idée simpliste mais amusante, qu' « un livre est un musée d'images », Henri Beraldi faisait choix de textes bien propres à suggérer croquis et croquetons

CH. SAUNIER. — *Les Décorateurs du Livre.* 2

qu'il demandait à Auguste Lepère, l'artiste le plus à même, par sa gouaille d'enfant de Paris, la dextérité de son crayon, affirmée dans ses reportages graphiques des grands illustrés, et son merveilleux métier de graveur sur bois, de le satisfaire. C'est ainsi que parurent, « imprimés pour Henri Béraldi », en 1894 : *Paysages parisiens* d'Émile Goudeau ; en 1898 : *Paris au hasard* de Georges Montorgueil. Entre temps, notre éditeur amateur s'adressait à un autre crayonneur acharné, mais alors quasi inconnu, Charles Jouas, pour l'illustration d'un troisième volume parisien dont l'hydropathe Émile Goudeau était le poète. Henri Béraldi, le voulant plus truculent encore que les deux autres, invitait Jouas à représenter la grande ville jusques en ses verrues : « Je veux des poésies illustrées avec des pissoirs, des omnibus et le reste. »

Et Jouas le servait à souhait. Mais, comme il n'avait pas encore appris à se graver lui-même, c'est à Henri Paillard qui savait si bien respecter dans ses bois le nerveux du trait original, qu'était confiée la taille des vignettes semées, par les soins de Henri Béraldi lui-même, au milieu d'un texte dont la mise en pages, plusieurs fois remaniée, frise le chef-d'œuvre.

Aussi Goudeau, charmé de se voir préféré, lui l'irrégulier, à l'abbé Prévost, à Bernardin de Saint-Pierre, à Scarron, si habilement pillés par les entrepreneurs d'éditions de bibliophiles, adressait-il en

vers banvillesques son remerciement au maître bibliophile :

> Oh! ne plus imposer à Jouas, à Lepère
> L'éternelle Manon dont Prévost fut le père...

Autre entrée en scène, dont les conséquences sont
plus générales : le 1ᵉʳ février 1896, au n° 125 du boulevard Saint-Germain, Édouard Pelletan, dont le nom
jusqu'alors était inconnu en bibliophilie, ouvrait une
maison d'éditions d'art qui, tout de suite, gagnait
les sympathies de l'élite, car son programme mar-
quait un progrès certain sur l'œuvre de ses devanciers. « Illustrer un livre, c'est interpréter un texte et
décorer une page » était l'axiome favori de l'éditeur.
Les textes, il les empruntait aux grands écrivains du
passé, il les sollicitait aussi de contemporains maîtres
de leur langue et nobles d'esprit ; l'illustration, il la
demandait à des artistes vraiment originaux et proje-
tait de la réaliser presque uniquement à l'aide de la
gravure sur bois dont il appréciait les qualités typographiques. Les fontes, il les voulait en rapport
intime avec l'esprit de l'ouvrage, comme ne manque
pas de le conter son historiographe, M. Clément-
Janin : « Dans un temps où l'on ne pensait qu'à
l'image, lui ne pensait qu'au texte... Personne avant
lui n'avait eu la pensée d'adapter le caractère d'une
fonte au caractère d'un texte, de vouloir que la forme
extérieure d'une lettre décelât la signification intime
de l'ouvrage. » En cela, Édouard Pelletan réalisait

dans l'œuvre littéraire le désir formulé naguère par Bergson qui appela l'attention sur le rapport qui pourait exister entre la forme du caractère typographique du livre dans une science déterminée et l'influence que ce caractère exercerait sur la compréhension ou l'intelligence de l'idée.

Sans perdre de temps, Édouard Pelletan présentait, établis selon ces préceptes, les éléments de quatre volumes typiques prêts à paraître : un *Villon*, imprimé en romain ancien Deberny et en gothique allemande; *les Nuits* d'Alfred de Musset, et les *Petits contes à ma sœur* d'Hégésippe Moreau, composés en caractères contemporains des auteurs, savoir : pour *les Nuits*, un Raçon, pour les *Petits contes*, un néo-Didot; enfin l'*Oaristys* de Théocrite, précédée d'une *Lettre de Sicile* d'Anatole France, juxtaposait texte grec et traduction en Raçon.

Parfois notre éditeur admit la présence simultanée de bois dans le texte et d'eaux-fortes en hors texte, le bois jouant un rôle purement anecdotique; l'eau-forte — par exemple, dans *le Misanthrope*, illustré par Jeanniot, — fixant au contraire des états permanents. Ainsi dans un salon voltigent les propos, tandis qu'au mur, en témoins, les portraits de famille semblent peser le bon et le mauvais des idées formulées. Enfin, se préoccupant sans cesse d'associer à l'œuvre littéraire de forme particulière l'artiste le plus apte à la comprendre, Édouard Pelletan devait parfois confier à tel ignoré de la veille une tâche propre à lui per-

LUCIEN PISSARRO.
Moralités légendaires, 1897.

PL. II.

mettre d'affirmer, en même temps que sa conception heureuse du texte, l'expression de sa personnalité. Ainsi est-il arrivé avec Paul-E. Colin, graveur spécialisé dans les scènes de la glèbe, qu'une illustration des *Philippe* de Jules Renard révéla pleinement.

Bref, quand disparut l'éditeur, enlevé par la maladie, le programme qu'il s'était tracé était pleinement rempli : ses livres, forcément différents par la typographie, l'esprit de l'illustration, avaient pourtant un indéniable air de famille, et il n'était pas nécessaire de recourir à la marque de la maison d'édition, cette marque d'abord un peu compliquée et dans la suite épurée, pour connaître l'origine des beaux volumes que l'on avait le plaisir de feuilleter.

Pendant que le libraire accomplissait ainsi sa mission, naissait le livre d'artiste, c'est-à-dire conçu, ordonné, décoré par un artiste, à ses risques et périls, en dehors de tout contrôle d'éditeur ou de société de bibliophiles. A la vérité, il avait des droits à l'antériorité, puisque c'est en 1890 que s'était fondée la « Société du Livre illustré », cette association d'illustrateurs et de graveurs qui avait lancé en coopération *Le Journal* et *Le Théâtre*. Mais la tentative avait été timide. Or voici qu'Auguste Lepère s'attèle à la confection des belles éditions de *A rebours*, de l'*Éloge de la Folie*, des *Sonnets de Ronsard,* non seulement illustrées et gravées par ses soins mais encore composées avec des caractères par lui choisis, et tirées par un ouvrier imprimeur-pressier installé dans son atelier, donc établies sous son contrôle permanent. Mais que de tracas pour l'artiste, que de risques, en raison même des avances faites ! Aussi, le volume une fois mis en train, des associations de bibliophiles, d'abord hésitantes sur le mérite de l'effort tenté, accaparèrent-elles en définitive le tirage. Mais, si elles plaçaient au bas du titre leur marque, l'*explicit* indiquait nettement que c'était là l'œuvre d'un Auguste Lepère et de lui seul. Georges Jeanniot, Alexandre Lunois *(Contes d'Andersen,* 1909), Jacques Beltrand devaient suivre un tel exemple, et de même Lucien Pissaro, celui-ci installé en Angleterre et alternant les textes français et anglais.

Avant de nous étendre sur les réalisations de ces artistes qui tiennent un rang si particulier dans la rénovation du livre, nous parlerons des exemples fournis par les sociétés de bibliophiles. Car, quoique sujettes à des timidités peu justifiées, elles ont néanmoins aidé à la multiplication des belles éditions grâce aux sommes dont elles disposaient et que n'aurait pas osé risquer un simple libraire. Ces sociétés sont connues : Bibliophiles contemporains, Société du Livre contemporain, Amis des Livres, Cent Bibliophiles, etc... Pourvues d'un important budget, tirant leurs éditions à petit nombre, ce qui diminue les risques de dépréciation, elles disposent vraiment de toutes les ressources matérielles nécessaires à l'établissement de belles publications.

Même, l'habitude usitée parmi leurs membres de

déléguer l'un d'entre eux, avec pleins pouvoirs, pour traiter de la préparation et de l'exécution d'un volume déterminé, tend à donner à celui-ci, avec l'unité, la personnalité. Mieux que celles des libraires, tenus de satisfaire par avance au goût moyen de leurs habituels souscripteurs, les éditions de sociétés de bibliophiles paraissent donc susceptibles d'ouvrir au livre des horizons nouveaux dont pourrait profiter l'ensemble des industries typographiques. Hélas ! le compte est cependant vite fait de leurs éditions vraiment réussies. Des tendances contestables trop souvent prédominent et, lorsqu'on prend connaissance de la liste de leurs publications, force est de sourire parfois, afin de ne pas paraître trop déçu. Pour un Béraldi, pour un Henri Vever, pour un Olivier Sainsère, un Gabriel Thomas, que de Gobsecks, aptes seulement à calculer à travers leur monocle le profit à tirer de la revente de l'ouvrage « enrichi » de papiers timbrés et de toutes les maculatures ramassées dans la poussière des ateliers. Car il est maintenant d'usage de ne pas séparer sous la reliure en maroquin plein, ciselé, doré, l'impression sur vieux japon d'avec les cartes postales, petits bleus, contraintes d'huissier, échangés durant la confection du volume, sans oublier les factures et les bandes d'expédition...

Qu'impo rte. Avec Lepère, avec Édouard Pelletan, et aussi telles des publications des sociétés de bibliophiles, la formule du livre, d'esprit et de présentation franchement modernes, était, au commencement du xxe siècle, trouvée. Depuis, et jusqu'en 1914, les convaincus, les curieux, les fantaisistes n'ont eu qu'à suivre, en l'aérant, le sentier plein de jolies promesses où s'étaient engagés leurs devanciers.

Pour donner à ces volumes l'essentiel agrément, il fallait une belle impression et d'élégants caractères. Or, de bons imprimeurs, s'ils ne sont pas foule, l'édition française n'a cessé d'en avoir. Il suffit pour ce qui est de ce temps, — et l'Imprimerie Nationale, si bien outillée, mise hors de cause, — de rappeler l'existence des imprimeries Lahure, qui entretient une élite de pressiers habiles à tirer à la presse à bras les ouvrages de haute bibliophilie, de Malherbe, Frazier-Soye, Pichon à Paris ; Protat à Mâcon, Darantière à Dijon, Hérissey à Évreux, Paillart à Abbeville, enfin, à Argenteuil, Coulouma (H. Barthélémy, directeur), dont la clientèle se recrute parmi les éditeurs d'avant-garde. J'en oublie !

Quant aux beaux caractères, appropriés au goût présent, ils ne manquent pas non plus. Si la fonderie française, après avoir fait grande figure grâce aux Didot, aux Marcellin Legrand aux Raçon, aux Motteroz, se laissa, surtout après 1870, distancer par les établissements étrangers, allemands en particulier, elle se ressaisit fort heureusement aux approches de l'Exposition de 1900.

Au premier rang des établissements qui réagirent le plus vivement, se place la fonderie Peignot que son chef, l'ingénieur Gustave Peignot, avait menée,

de presque rien, à la grande prospérité. En 1897, l'un
de ses fils, Georges Peignot, entrait en pourparlers
avec Eugène Grasset qui, désireux depuis longtemps de créer un nouveau caractère, avait étudié
un type devant servir à l'impression de sa *Méthode
de composition ornementale*. Le « Grasset » était, en
raison de ressources dont disposaient Gustave Peignot et ses fils, vite mis au point et, la publication de
de la *Méthode de composition ornementale* se trouvant retardée, le *Huon de Bordeaux* que donnait la
maison Firmin-Didot, en 1899, en avait la primeur.
Aussi, quoique beaucoup moins important, ce
volume mérite-t-il de trouver place à côté des *Quatre fils Aymon,* — ici comme là, Grasset ayant un
rôle prépondérant.

Le succès obtenu par ce nouveau caractère incitait
la fonderie Peignot à demander à Georges Auriol, le
délicieux ornemaniste, créateur de tant de charmants
motifs de couvertures prenant, du seul secours de
son ingéniosité, une valeur d'art certaine, le dessin
d'un caractère qui, après certaines modifications, a
fourni deux types courants : l' « Auriol labeur » avec
lequel fut tout d'abord lancée une revue d'idées franchement modernes : *les Arts de la vie*, fondée par
Gabriel Mourey en 1904, et « la Française légère »
qui, sortie quelques mois avant, servit à l'impression
de *l'Orgie latine* de F. Champsaur (1903), et fut con-
sacrée par son emploi dans *la Canne de jaspe,*
éditée par les Cent Bibliophiles (1905). La même fon-

derie lançait encore le « Bellery-Desfontaines » (1910) et, au moment de la déclaration de guerre, avait à l'étude une variante d'italique dessinée par Bernard Naudin, la nouveauté devant en être réservée à un *François Villon* illustré par cet artiste.

Puis, parallèlement à ces fontes d'un esprit si modernes, Georges et Lucien Peignot mettaient au point la série des « Cochins », caractères inspirés des plus élégantes inscriptions gravées du XVIIIe siècle, ces fontes étant destinées à satisfaire ce goût du passé qui sévit depuis quelques années dans les classes sinon raffinées, du moins enrichies, désireuses de paraître « à l'instar » d'un siècle charmant. Et de fait, les caractères « Cochin labeur » ne contribuaient pas peu au succès de la *Gazette du bon ton*, fondée en 1912 avec un programme mariant le modernisme le plus hardi au suranné le plus accusé, tandis qu'une de ses variantes, le « Nicolas Cochin », était choisie par les Cent Bibliophiles pour l'impression des *Opinions de Jérôme Coignard*, illustrées par Louis Jou (1913).

Chacun de ces types, on le voit, a sa physionomie particulière et répond aux exigences les plus diverses : le « Grasset » emplit bien la page et peut voisiner avec une illustration relativement vigoureuse. Plus léger, l' « Auriol », si clair et d'allure quelque peu nippone, suggère une écriture droite tracée avec un roseau, par une main artiste. La page qu'il couvre reste claire ; il encadre bien une illustration en demi-teinte, sans la tuer de ses noirs. Par là, il demeure une ressource précieuse pour les impressions accompagnées de documents reproduits par les procédés photomécaniques.

Parlant de cette contribution typographique, M. Georges Moreau a fort justement écrit : « Eugène Grasset et Georges Auriol étaient depuis longtemps l'un et l'autre amoureux de calligraphie ; et leurs charmantes compositions décoratives, couvertures illustrées, titres, vignettes ou frontispices, s'accompagnaient souvent d'écritures artistement dessinées. Ainsi, avant d'être gravés dans le métal et cristallisés dans la matrice du fondeur, leurs caractères furent en quelque sorte créés dans la joie, au jour le jour, par la fantaisie d'artistes épris de beauté ; et comme ces types ont été vécus, ils sont à la fois modernes et vivants. »

Le « Nicolas Cochin » évoque, par son nom comme par son aspect, le xviiie siècle. Si on en décompose les éléments, on constate qu'il a, de la « hollandaise » créée par Fournier le Jeune, les verticales allongées ; de l'ancienne romaine, les beaux pleins ; du Didot, la rectitude atténuée par l'obliquité dans les petits traits. Il est très français d'allure, c'est-à-dire clair, éléga t, en même temps que robuste, ainsi qu'il sied à une fonte destinée à subir les fortes pressions de l'outillage mécanique. C'est le caractère rêvé pour les réimpressions de poètes musqués, la présentation de pastiches empreints de la sensibilité d'un passé galant. Quant au « Cochin labeur », plus rond et régulier, il est, certaines impressions récentes le prouvent, susceptible d'une utilisation étendue.

De même que la fonderie Peignot, la fonderie Deberny, créée, on le sait, par H. de Balzac, n'est pas restée inactive. Elle fut, du reste, au cours du xix⁰ siècle, l'une des rares qui ne cessèrent de réagir contre l'apathie générale. Déjà, on lui devait une « latine » qui a connu et connaît encore une légitime vogue. Elle s'entendait, cette fois, avec l'un des plus savants décorateurs du livre du dernier tiers du xix⁰ siècle, Adolphe Giraldon, qui lui dessinait une sorte d'onciale, très lisible, donnant de beaux noirs. Ce caractère était naturellement employé pour l'impression des *Eglogues* de Virgile, avec compositions et motifs décoratifs de Giraldon gravés sur bois par Florian (Plon, 1906), et reparaissait dans *les Nuits* d'Alfred de Musset, enrichies d'eaux-fortes gravées par Chessa d'après L.-O. Merson (Meynial, 1911). C'est avec lui, enfin, qu'a été donnée certaine édition de bibliophile du chef d'œuvre d'Albert Samain : *Au Jardin de l'Infante* (Ferroud).

De leur côté, les fonderies Renault et Turlot (maintenant Chaix) faisaient de louables efforts quant à l'élégance et la robustesse des types et à leur lisibilité. C'est ainsi qu'elles offrent aux imprimeurs des fontes de la famille Elzévir, bien propres à satisfaire le liseur et le bibliophile.

Chartres, au sortir de cette petite place
que balaye, par tous les temps, le vent
hargneux des plaines, une bouffée de
cave très douce, alanguie par une sen-
teur molle et presque étouffée d'huile,
vous souffle au visage lorsqu'on pénètre
dans les solennelles ténèbres de la forêt
tiède.

Durtal le connaissait ce moment délicieux où l'on reprend haleine, encore
abasourdi par ce brusque passage
d'une bise cinglante à une caresse

1

CHARLES JOUAS.
La Cathédrale, 1909.

III

LES DÉCORATEURS

Au début du XXe siècle, un artiste, entre tous, résume la décoration du livre telle qu'on l'entend à ce moment-là, c'est-à-dire réaliste et pittoresque, plus qu'ornementale. Formé à l'école d'Edmond Morin et surtout de Daniel Vierge, dont il a été longtemps l'interprète au *Monde Illustre*, Auguste Lepère, dessinateur plein de mouvement et aquafortiste brillant, est, avant tout, un merveilleux graveur sur bois. Bref, on salue en lui « le graveur qui n'attend son dessin de personne, le graveur qui se grave lui-même sur bois ». C'est que vraiment aucune difficulté du métier ne l'arrête. Maniant tour à tour le burin et le canif, il se joue du bois de bout et tire les plus heureux effets du bois de fil. Apte à rendre la teinte et à faire valoir la tache, il dégage non moins bien le trait à la façon des bons vieux maîtres de la profession : Porret, Lavoignat et autres. Enfin, il y a son coup de crayon primesautier et coloré, charme de ses bois originaux.

Antérieurement à son entrée en scène comme un ordonnateur de volumes de bibliophiles, Auguste Lepère avait donné la mesure de ses talents dans l'illustration et la mise en pages d'une série d'articles sur la forêt de Fontainebleau donnés, de 1887 à 1889, à la *Revue Illustrée*, par Maurice Talmeyr. Avec un goût très sûr, un véritable sens livresque, il avait jeté parmi le texte une suite de bois originaux où les plus grandioses sites de la forêt, accusés par un puissant mariage de teintes et de lignes, alternaient avec de légers croquis rejetés presque dans les marges et silhouettant, avec le sans-façon d'un trait impromptu, l'allure si curieuse des êtres, braves gens ou gueux inquiétants, qui vivent de la forêt. Ainsi compris, cet ensemble alerte, nerveux, présentait l'agrément d'une suite de spectacles comme entrevus au cour d'une marche rapide.

Ces qualités ne pouvaient manquer de frapper les meilleurs parmi les amis des livres. Aussi, à la demande de Henri Beraldi, nous l'avons déjà dit, et bientôt de certains éditeurs et de puissantes sociétés de bibliophiles, Auguste Lepère était chargé de l'illustration et la gravure d'une série de volumes dont on finit par laisser à son goût le soin de fixer le format, de choisir les caractères. Successivement paraissaient : *Paysages parisiens*, texte d'Émile Goudeau (1894) ; *Paris au hasard*, texte de Montorgueil (1895) ; *Paris-Almanach*, texte de Charles Morice (1897) ; *Dimanches parisiens*, texte de Louis Morin (1898) ; *Paysages et coins de rues*, texte de Jean Richepin (1900).

Ouvrons *Paris au hasard*. Dès la première page, c'est une échappée sur la capitale telle qu'elle apparaît du haut de la tour Saint-Jacques. Il semble qu'on y soit. Les centaines de marches de la vis obscure étant gravies, tout aussitôt c'est l'éblouissement de la grande lumière : l'œil vite remis s'émerveille de la trouée du fleuve qui s'écoule vers l'ouest, entre le double rempart des quais bordés de palais ; il suit ses eaux qui reflètent le glissement des nuages vers une gloire ensoleillée ; il se fatigue à vouloir démêler l'inextricable écheveau des avenues, des rues et des ruelles. Voilà ce que rend à merveille un petit bois, noir et blanc, gravé par Lepère. Et que d'autres spectacles, que d'autres types sont également évoqués ! Tout y passe : le monde des courses et celui des chiffonniers. De futurs députés sont saisis dans le feu du boniment électoral ; à la terrasse des cafés des environs de la porte Saint-Denis, des gens de théâtre ou de café-concert échangent leurs espoirs. Puis, ce sont les aspects de la ville, de son fleuve, qui reviennent. Tant en sont prenantes la lumière, l'animation, qu'on ne peut, par exemple, se détacher de certain déchargement de pommes apportées par des péniches amarrées aux berges du quai de l'Hôtel-de-Ville.

Autre surprise avec *Dimanches parisiens* ornés, ceux-ci, d'eaux-fortes qui montrent en Lepère un

Trimolet, mais plus vigoureux ; avec *Paysages et coins de rues* où une vision de neige, presque japonaise, « Rêverie Blanche », et le pittoresque d'un déménagement, ne s'oublient pas.

Tout homme est l'esclave d'un désir insatisfait. Auguste Lepère n'échappa pas à la commune loi. Lui, auquel il suffisait de réserver quelques blancs parmi des noirs puissants pour évoquer les plus beaux spectacles, fut tout le temps pris par la hantise des chromies : peintures à l'huile, à la gouache, gravures en camaïeu ou à plusieurs teintes. Mais il eut certes trop de goût, un sens trop inné des lois qui régissent l'illustration du livre pour s'entêter à intercaler dans un texte une imagerie par trop multicolore. *Paysages et coins de rues* furent, toutefois, tirés à plusieurs teintes. Or, l'on doit constater que les bois de Lepère n'y gagnèrent rien, les illustrations les plus séduisantes étant celles qui demeurent les plus voisines de la monochromie, ainsi les bandeaux à rehauts de bistre et certains bois tirés en camaïeu. Sans doute s'en rendit-il compte, car il revenait aux tirages noirs avec *Nantes en 1900 ; la Bièvre, les Gobelins et Saint-Séverin*, un bien beau livre, honneur de la Société de propagation des Livres d'art qui l'édita.

Mais voilà qu'Auguste Lepère, désormais entouré d'une clientèle fidèle, tend à se libérer de toute contrainte. Jusqu'ici il a dû accepter les textes, d'ailleurs piquants, qu'on lui proposait d'illustrer ; il a dû.

Eux étant ainsi occupés, vint un second mes-
sager dire qu'on vendangeât au plus tôt, et qu'il
avoit charge de demeurer là jusqu'à ce que le
vin fût fait, pour puis après s'en retourner en la
ville querir leur maître, qui ne viendroit sinon au

29

PIERRE BONNARD.
Daphnis et Chloé, 1902.

parfois aussi, se soumettre au contrôle d'un éditeur ou d'un groupe de bibliophiles, tout au moins beaucoup batailler pour conquérir son indépendance. Désormais il entend choisir seul ses textes et s'outiller de manière à pouvoir illustrer, composer, tirer le volume dans son atelier même, ce qui sera complètement résolu avec l'*Éloge de la Folie* dont le papier à la cuve portera même son filigrane.

Le premier de la série est *A rebours* et, avec celui-ci, nous avons vraiment un livre décoré, un livre d'artiste, né d'une unique volonté. Composées avec l' « Auriol » que venait de lancer la fonderie Peignot, les pages de cet *A rebours* sont toutes agrémentées de vignettes et d'ornements : au fait, 220 gravures sur bois tirées à plusieurs tons car, cette fois, Lepère est maître de sa palette. L'ornement consiste en en-têtes, arabesques fleuries et culs-de-lampe ; les grandes compositions sont harmonisées en colorations avec l'esprit du contexte. Et Dieu sait quelle variété d'épisodes ou d'évocations comporte l'extraordinaire livre ! Depuis l'Armure de l'ancêtre qui se dresse dès la première page, jusqu'aux plus maladives imaginations de Des Esseintes, tout se trouve projeté avec une richesse d'interprétation qui étonne et enchante. Parfois, comme des réminiscences de Gustave Moreau, d'Odilon Redon, de Guys ; mais c'est la pensée de Huysmans qui l'exige. Dans tous les cas, comme leurs visions se sont bien transmuées en vue de l'unité livresque ! Tel quel, malgré sa beauté reconnue, sa perfection matérielle, *A rebours* ne marque encore qu'une étape dans l'idée de Lepère. La conception du livre illustré ainsi qu'il l'entendait devait trouver sa formule définitive dans l'*Éloge de la Folie* d'Érasme. C'est que celui-là, il l'exécuta vraiment pour sa seule joie. Pas d'éditeurs, pas d'ingérences d'amateurs. L'*Éloge de la Folie* fut établi aux risques et périls de l'artiste. Ce n'est qu'au moment de l'achèvement qu'une société de Biblio-philes s'en réserva le tirage. Aussi, par son originalité, sa perfection, la conscience des soins matériels apportés, ce volume constitue-t-il un exemple pré-cieux, étant à la fois archaïque par son caractère et franchement moderne par l'esprit de ses images. Car, tout en suivant le texte d'Érasme, Auguste Lepère transpose les épisodes dans un décor animé de types de notre temps. C'est là, du grand artiste, une originalité après tant d'autres. Ainsi que le dit très bien M. Gabriel Hanotaux dans les pages limi-naires : « La Folie, avec Lepère, s'habille chez Worth », et ses suiveurs n'en sont pour cela « ni moins vrais, ni moins fous ». En fait, Auguste Lepère se sert du texte d'Érasme pour noter dans des bois robustes les aspects les plus piquants de la vie moderne. Le violoneux de la guinguette montrou-gienne attire les pauvres hères, mais le commissaire-priseur, dont le marteau est appâté par un tableau de maître, se joue de la fièvre des snobs qui se le dis-putent. Le décor grandit : voici un pèlerinage au

er faisant de grands yeux langoureux ainsi qu'il sied
à des personnages de Gavarni ou de Tony Johannot.

Mais maintenant, tout cela est fini : on la laisse

57

JACQUES BELTRAND.
Petits métiers des rues de Paris, 1904.

Sacré-Cœur avec ses à-côté de Cour des Miracles. Voici encore, supportés par les ailes déployées d'un paon superbe et dominant le monde, les théologiens « espèce orgueilleuse et irascible », écrit Érasme ; voici enfin, dressée toute blanche sur un fond mystique de cathédrales et d'oratoires juchés au sommet d'un pic dont les assises baignent dans un fleuve clair, la silhouette du Christ, du Christ de bonté dont le cœur se déchire en voyant sa mission avilie, défigurée par la cohue des inquisiteurs et des bourreaux qui, remarque Érasme, par les tortures, « croient défendre en apôtres l'épouse de Jésus-Christ et la venger de ses ennemis ».

Œuvre considérable, œuvre passionnée, on le voit, et pour laquelle Auguste Lepère n'avait épargné ni la peine ni la dépense. Papier à la forme au filigrane de l'artiste, composition du texte même avec deux sortes de fontes : caractères Deberny pour la notice de Gabriel Hanotaux ; pour le texte de Huysmans, caractères Turlot se rapprochant de ceux utilisés par Frœben, l'éditeur d'Érasme ; tirage à la presse à bras conduite par Féquet, le pressier qu'il avait attaché à son atelier. Et quelle impression parfaite malgré les difficultés accumulées : filet vieux rouge encadrant la composition, lettres ornées, mots typiques imprimés en vermillon, planches en camaïeu ou à plusieurs tons. Voilà pour la partie matérielle. Maintenant, il faut voir avec quel art Auguste Lepère a mis en page ses bois, accordé leurs teintes où entrent le bistre, l'orange, le rouge, le vert, avec l'esprit même du texte qui les encadre. L'*Éloge de la Folie* terminé, un *Ronsard* était mis en train. La mort n'a pas permis à l'artiste de le terminer.

On a tenu à présenter tout d'abord Auguste Lepère, car, par suite de ses doubles dons de dessinateur et de graveur et de sa longue pratique du texte illustré, il apparaît comme le type même de l'ouvrier du livre. De plus, par sa conception pittoresque, impressionniste de l'illustration, il est vraiment représentatif de l'art et du goût de son temps. Mais ceci dit, ce n'est que justice de rappeler le nom de deux artistes dont le rôle par l'image a été considérable et qui, sans s'être consacrés à proprement parler à la décoration du livre, ont eu sur son illustration une réelle influence. Je veux parler de Forain qui, avant sa grande notoriété, avait enrichi de si curieuses eaux-fortes les *Croquis parisiens* de Huysmans et donné maints croquis piquants dans la *Vie moderne,* cette si belle revue trop tôt disparue ; puis d'Adolphe Willette dont les amusantes saillies dessinées aidèrent à la vente de maints petits volumes qui, malgré la médiocrité de leur papier et leur tirage non limité, sont recherchés à l'égal des ouvrages de beau plumage. Ne sied-il pas de rappeler aussi le rôle d'initiateur d'Henri Rivière dont les lithographies en couleur pour la *Marche à l'Étoile,* puis les beaux bois gravés, ainsi *les Trente six vues de la Tour Eiffel,* demeurent comme de précieux exemples point perdus pour tout le monde.

Mais, en ce début du xxᵉ siècle, il convient de retenir surtout le nom de Daniel Vierge, qui, malgré une attaque d'hémiplégie le contraignant à dessiner de la main gauche, conservait une vision intensément vivante et la fermeté du trait. Il avait encore la force d'imprégner de l'atmosphère de son Espagne native quarante scènes destinées à une édition des *Aventures du dernier Abencérage* (Pelletan), d'en crayonner d'autres pour *Colomba* (Carteret), enfin de reprendre au burin les héliogravures de ses compositions de *Don Pablo de Ségovie,* en vue d'une édition dernière et plus luxueuse que les précédentes. Ainsi justifiait-il cette appréciation formulée par J. M. de Heredia à l'occasion d'une illustration de la *Nonne Alferez* : « Vierge est un voyant... Dans un dessin de quelques centimètres il donne l'impression d'une foule innombrable et grouillante, des architectures démesurées, des immenses espaces, des proportions infinies .» Mais Vierge eut une autre vertu. Cet Espagnol, établi dans notre pays depuis 1870, avait admirablement compris sa nouvelle patrie, senti ses grandeurs et ses misères. Par sa collaboration au *Monde Illustré* où il était entré au moment de la guerre sur la recommandation de Théophile Gautier, par l'illustration de l'*Année terrible* de Victor Hugo, enfin par ses croquis insérés dans un *Ami de l'ordre* de Jérôme et Jean Tharaud (Pelletan), ne fut-il pas le passionné chroniqueur de 1870-1871, avant d'être l'évocateur des scènes de l'histoire de France ? Et quelle

Histoire ! Celle de Michelet qu'il enrichit d'inoubliables croquis (Lacroix, 1877).

Sollicité par des travaux très divers, préoccupé de faire profiter de son savoir la phalange de ses disciples, Eugène Grasset, après le coup d'éclat des *Quatre Fils Aymon* et malgré maintes sollicitations, s'était éloigné de la pure illustration, s'il donnait au livre le cadeau essentiel : un caractère. Cependant, celui-ci sorti, il y revenait, apportant à l'éditeur Pelletan sa collaboration pour le *Procurateur de Judée* d'Anatole France, l'*Almanach du Bibliophile* de 1901, *Phèdre* et *Athalie* qu'il enrichissait soit d'inventions décoratives, soit d'illustrations gravées supérieurement par Ernest Florian. Nous avons déjà eu l'occasion de citer le nom d'Adolphe Giraldon, cet autre créateur de fontes d'imprimerie. Il joue un peu, maintenant, le rôle du sage, étant parvenu à l'apogée d'une carrière bien remplie. Mais on ne doit pas oublier qu'il fut durant plus d'un demi-siècle l'ordonnateur excellent des frontispices, lettres ornées et autres motifs décoratifs d'importants ouvrages et que, quel que soit le goût présent, une couverture, une page dessinée par lui en imposent toujours. Il a développé librement une formule dont Luc-Olivier Merson avait dans ces productions de jeunesse indiqué avec beaucoup de noblesse les grandes lignes.

Quoiqu'appartenant à une génération plus jeune, on notera ici l'effort de Bellery-Desfontaines qui, mort trop tôt, a pourtant eu le temps de doter

De frère Bernard
de Quinteval, premier compagnon de saint François.

E premier compagnon de saint François fut frère Bernard d'Assise, lequel se convertit en cette manière. Étant saint François encore en habit séculier, bien que déjà il eût méprisé le monde, & allant tout dépité & mortifié par la pénitence, à tant que de moult était réputé stupide, & comme fou honni & chassé à coups de pierres & avec fangeux outrages par ses parents & par les étrangers, & lui en toutes injures & moqueries passant patiemment, comme sourd & muet : monsieur Bernard d'Assise, lequel était des plus nobles & riches & sages de la cité, com-

3

MAURICE DENIS.
Gravé par JACQUES BELTRAND
Les Fioretti, 1913.

maints volumes de décors d'un sentiment bien particulier. Bellery-Desfontaines avait un œil atrophié ; sa vision s'en ressentait. Aussi s'exprimait-il souvent à la façon des peintres de vases grecs, c'est-à-dire en silhouette. Son dessin était, d'ailleurs, ferme et ses curiosités qui s'étendaient à tout l'avaient rendu érudit. On comprend donc qu'ainsi armé, il ait apporté un caractère particulier à tout ce qu'il a entrepris. Pelletan lui avait commandé une marque : elle est sévère et savante ; Peignot un caractère : il est ingénieux et grave. Et c'est encore le sérieux de son esprit qui domine dans les illustrations et les motifs purement ornementaux, à lui demandés, pour accompagner des textes de noble esprit, où trouvaient place des préoccupations d'ordre philosophique. Ainsi, chez Pelletan, *La Prière sur l'Acropole* de Renan (1900), les *Poèmes en prose* de Maurice de Guérin (1901), l'*Ode à la Lumière* (1905) et *Le Génie Latin* (1909) d'Anatole France, etc.

C'est également à la demande du libraire Pelletan que, vers le même temps, le puissant évocateur qu'est Steinlein apportait sa collaboration au beau livre. Lui, le créateur de tant d'images qui, par la puissance de l'effet, l'expression du trait, le jeu des blancs et des noirs, constituent à elles seules de petits romans, devenait l'imagier de *Crainquebille*, le fresquiste de la *Chanson des Gueux* à l'illustration de laquelle l'avaient préparé les croquis jetés naguère parmi les chanson de Bruant et les poèmes de Jehan Rictus.

Les dessins de *Crainquebille* étaient interprétés par une élite de graveurs sur bois : Deloche, Ernest et Frédéric Florian, Eugène et Emile Froment, Pierre Gusman, Mathieu, J. L. Perrichon, qui se montraient habiles à transposer typographiquement le style, la couleur, le dramatique des composition de Steinlein. Au contraire, pour satisfaire à quelques critiques, les dessins de la *Chanson des Gueux* furent reproduits en fac-similé, c'est-à-dire avec le concours des procédés photomécaniques. Il appartient à l'avenir de dire qui a raison de l'interprétateur, quand il est d'élite, ou de la reproduction directe, — celle-ci fidèle certes, mais dénuée d'intelligence et point exempte de défaillances dans le jeu des valeurs.

Dans ce renouveau du beau livre auquel participent, en ces environs de 1900, éditeurs, sociétés de bibliophiles et artistes, maints autres dessinateurs et graveurs sur bois ont encore place. Parmi les dessinateurs, c'est Georges Bellenger, ce coloriste si fin, cette intelligence si souple, si compréhensive, qui, après avoir, en d'autres temps, tracé pour l'illustration de *l'Assommoir* et de *Nana*, des types et des scènes marqués au sceau de leur époque, décorait maintenant l'*Oaristys* de Théocrite, évoquant dans une atmosphère légère, parmi des fonds de paysage d'un charme infini, l'harmonie de types parfaits. C'est Auguste Leroux qu'une adroite plus que sensible illustration de la *Rôtisserie de la Reine Pédauque* devait mettre en grande réputation

(1912). *Les Nuits* d'Alfred de Musset, trouvaient aussi un interprète tendre et raffiné en A. Gérardin, dessinateur de talent dont l'éducation s'était faite chez Hachette, à illustrer les contes et les petits romans, souvent charmants d'ailleurs, des bibliothèques enfantines. Les éditeurs se trouvaient également bien d'employer l'alerte crayon de Dunki et de Vogel, deux étrangers légitimés par un long séjour en France ; particulièrement, le dessin précis et vivant du second, joint à un vif sentiment du pittoresque, rappelaient les dons merveilleux de Menzel, — par exemple dans ses dessins pour la piquante nouvelle de Paul Féval : *Un premier amour de Charles Nodier* (Rouquette, 1900).

Mais ces artistes ne sont que dessinateurs ; on ne retrouve pas avec eux la belle unité de réalisation d'un Auguste Lepère. Quelles que soient leurs qualités particulières d'élégance ou de force, leur conception plus ou moins affirmée de la décoration livresque, il faut, pour rendre leur œuvre « imprimable », la collaboration du graveur sur bois, c'est-à-dire d'artistes tels que Frédéric et Ernest Florian, Eugène et Émile Froment, Eugène Dété, Henri Paillard, Julien Tinayre, Pierre Gusman, Jules Germain, J.-L. Perrichon, pour ne citer que ceux dont le nom se rencontre le plus fréquemment à côté des dessinateurs cités. Et leur rôle, pour être déchargé des préoccupations de l'invention, n'en est pas moins de première importance. N'est-ce pas le graveur sur bois qui, par la façon dont il découpe le trait, accuse l'effet, réserve la lumière, accorde en définitive les imaginations du dessinateur à l'esprit de l'œuvre, au caractère de la fonte employée.

Mais ce bois taillé, il est maintenant d'usage de l'entendre de deux façons : en fac-similé, comme au temps du romantisme; en ton, selon la conception plus picturale de Gustave Doré. Il en est même une troisième qui est de lui faire singer la grisaille des procédés photomécaniques : des gens habiles, comme Dauvergne, Ruffe, y excellent. Pour en rester au fac-similé et au ton, leur rôle, dans un livre sagement entendu, est bien départagé. Le fac-similé, ce sera le croquis semé dans le texte, rejeté presque en marge, comme un commentaire « interprétant une phrase, moins encore, un mot, une expression, et parfois un décor furtif auquel l'auteur n'a guère pris garde, et dont le pittoresque séduit l'illustrateur ». Le ton sera réservé à « la composition dans laquelle le jeu des valeurs supplée à la couleur et restitue par conséquent le sentiment », c'est-à-dire au hors-texte, « synthèse d'un livre ou d'un chapitre où l'on doit pouvoir lire d'un coup d'œil, le caractère général de l'œuvre écrite ».

Et, si tous les graveurs sur bois dont les noms ont été cités sont aptes à user des deux manières, il convient pourtant de distinguer la supériorité dans les grandes planches en ton de Clément Bellanger, des deux Florian, de Froment père et fils; dans le trait

une heure. Les sentiments qui nous la rendent ou douce,
ou du moins tolérable, naissent d'un mensonge et se nour-
rissent d'illusions.

Si, possédant, comme Dieu, la vérité, l'unique vérité,
un homme la laissait tomber de ses mains, le monde en
serait anéanti sur le coup et l'univers se dissiperait aussitôt
comme une ombre. La vérité divine, ainsi qu'un jugement dernier, le réduirait en poudre.

Nous avons mangé les fruits de l'arbre de la science,
et il nous est resté dans la bouche un goût de
cendre. Nous avons exploré la terre; nous nous
sommes mêlés aux races noires, rouges et jaunes, et nous

PL. VII.

PAUL-ÉMILE COLIN.
La Terre et l'Homme, 1912.

d'un Paillard, d'un Dété, d'un Germain, d'un Perrichon.

*

Ceci dit, revenons au livre d'artiste, conçu, dessiné, gravé, imprimé s'il se peut à l'atelier même.

Lucien Pissarro habite l'Angleterre; son installation y est vraisemblablement définitive. Mais ses yeux connurent tout d'abord des paysages, des gens de France. Fils de Camille Pissarro, c'est auprès du maître d'Eragny qu'il apprit à dessiner; puis Auguste Lepère lui mit en main les outils de graveur sur bois, l'initiant ainsi à un art indispensable à qui veut devenir maître dans la décoration du livre. Par de telles origines, certaines de ses productions, il appartient donc à la France, s'il lui échappe par d'autres côtés: son adhésion aux doctrines de William Morris, le rénovateur de l'imprimerie en Angleterre. Tel quel, on doit lui réserver une place en ce livre. Car, dans son exil à demi volontaire (1), il n'a oublié ni les exemples de son père, ni le coin du sol français où se passèrent ses jeunes années, cet Eragny qui, en

____

(1) Ses premiers essais d'illustrateur et de graveur, dont on retrouverait un spécimen dans la *Revue Illustrée (1896)*, ne furent pas compris ici. Chose plus grave, le poète T. S. Moore a, depuis, révélé que les lettres de réprobation de soi-disant abonnés et lecteurs étaient l'œuvre de rapins appartenant à un atelier officiel. Des procédés à peu près semblables avaient déjà contraint à l'exil, sous Napoléon III, le grand peintre aqua-fortiste Alphonse Legros, qui trouva également à Londres réconfort et succès. Il est mort, là-bas, entouré de l'estime de tous après avoir connu les consécrations les plus honorables. Or, quelles compensations nous ont été offertes par les détracteurs d'Alphonse Legros et de Lucien Pissarro?

terre anglaise, demeure présent puisqu'il a donné à sa maison d'édition le nom de « Eragny Press ». C'est ce nom qui figure au centre de la jolie marque servant de colophon à ses impressions.

De même, ses fréquentations littéraires de jeunesse ont déterminé son choix lorsque, des rives de la Tamise, il s'est agi d'interpréter un auteur français. Comme premier ouvrage édité en notre langue, il choisissait les *Moralités légendaires* de Jules Laforgue, délices de plusieurs générations de poètes et d'artistes (Mercure de France, 1897). Et, pour dater presque de ses débuts, cette édition imprimée en « Vale Type » avec, en tête de chaque volume, dans un large encadrement floral, une grande figure : Salomé, Ophélia, puis, à l'intérieur, des bandeaux fleuris, des lettres ornées, est tout à fait charmante et typographiquement très réussie. Son premier livre, *The Queen of The Fishes,* adaptation anglaise d'une légende du Valois, *la Reine des poissons*, ne remonte, en effet, qu'à 1894. Depuis, le curieux artiste n'a pas cessé d'augmenter le nombre de ses publications, qui passent à cette heure le chiffre de trente-cinq. Parmi les livres de langue française, signalons *les Contes de ma mère l'Oye* (1899-1907); *les Ballades de maître François Villon* (1900); *la Légende de Saint-Julien l'Hospitalier* (1900), et *Un cœur simple* de Gustave Flaubert (1901); *Choix des sonnets de Pierre Ronsard* (1902); *Histoire de la Reine du matin et de Soliman, prince des Génies* (1907, — pour les Cent Bibliophiles); *Poèmes tirés du Livre de Jade* (1911), etc.

Ces volumes sont, dans toutes leurs parties, son œuvre personnelle, les figures, les ornements, culs-de-lampe, lettres ornées étant dessinés et gravés par lui (1), mis en pages par ses soins, dans un texte composé et tiré dans son atelier. Seul le caractère premièrement employé, le « Vale Type », était d'emprunt, ayant été mis à sa disposition par son créateur, le curieux Charles Ricketts, artiste-éditeur lui aussi, qui l'avait fraternellement accueilli sur le vu d'une chaude lettre d'introduction adressée par Félix Fénéon au poète John Gray. En 1903, Lucien Pissarro créait à son tour un caractère réservé à son usage particulier, « le Brook Type », et, dès lors, ce caractère lui a servi pour toutes ses impressions. Comme le « Vale » et, avant celui-ci, le caractère adopté par William Morris, le « Brook » appartient à la famille dite « latine ». En fait, un type rond sans maigreur dans les déliés, donnant à l'impression un encrage régulier en accord avec le trait des illustrations de Lucien Pissarro. Pour rompre l'uniformité des noirs, un titre de chapitre disposé sur une ligne pleine, une lettre ornée, sont tirés en rouge. Parfois aussi, pour rubriquer un alinéa ou isoler une citation, un fleuron est interposé avec grâce. Ainsi, une églantine légère pique de sa joliesse une haie vive.

Pour le décor courant des pages, l'artiste s'en tient

(1) Toutefois, il a pour la gravure une aide intelligente en sa femme, Esther Pissarro.

généralement à des bandeaux aux arabesques florales sans grande stylisation, — celle que tout naturellement offrirait une retombée de chèvrefeuille. Quant aux figures, d'un charme oriental, elles sont enfermées dans une cernure un peu ronde, accusée à la manière des émaux champlevés. Il en résulte un effet exquis mais sans lourdeur. Même d'un format moyen (petit in-8°) et chargée d'ornements, la page demeure claire et bien proportionnée.

En collaboration avec Ch. Ricketts, Lucien Pissarro a donné un opuscule répondant au sujet qui nous occupe : *De la typographie et de l'harmonie de la page imprimée* (Floury, 1897), publication fortement imbue des principes de William Morris, mais contenant d'ingénieuses remarques et défendant d'excellents principes. Les auteurs veulent que l'encadrement et la vignette demeurent toujours « parents des masses typographiques » et constituent bien « la note aiguë, la pointe lumineuse dans l'harmonie qu'est la page, sans s'en écarter pourtant ». Et ils prêchent d'exemple.

* *

« Quand on voudra de beaux livres, ornés de beaux dessins en accord typographique avec le texte, il faudra les demander, encore et encore, à la gravure sur bois, à la vraie gravure sur bois, au graveur sur bois ! » Ainsi s'exprimait Bracquemont, bien désintéressé en la matière puisque aqua-fortiste, mais trop

En l'an de mon trentiesme aage,
Que toutes mes hontes i'euz beues,
Ne du tout fol, ne du tout sage.
Non obstant maintes peines eués,
Lesquelles i'ay toutes receues
Soubz la main Thibault d'Aussigny.
S'euesque il est, seignant les rues,
Qu'il soit le mien ie le regny !

57

ÉMILE BERNARD.
Œuvres de Villon, 1920.

artiste et trop passionné pour ne pas crier ce qu'il sentait être la vérité. Cependant, la gravure sur métal a ses partisans, ses parchemins. C'est par l'eau-forte que furent interprétées les compositions de Boucher, Gravelot, Moreau le Jeune, ces illustrateurs fameux du XVIIIᵉ siècle. Dans le présent, les planches mièvres mais si propres, si soignées, — convenons-en, si élégantes, — qui ornent tant de luxueux petits volumes de la période 1875-1890, n'ont-elles pas fait la fortune de tel éditeur ? Par un juste retour, ce sont ces qualités aimables mais impersonnelles qui ont lassé de ces mêmes volumes, d'acquisition si onéreuse, les amateurs désireux de retrouver, dans une image comme dans un texte, une personnalité. Aussi, se sont-ils tournés vers l'eau-forte originale, c'est-à-dire celle de l'artiste qui confie au cuivre le primesaut de sa pensée. Ainsi entendue, l'eau-forte est vraiment une sorte de dessin que la morsure de l'acide permet simplement de multiplier au tirage. Aussi comprend-on que Rembrandt et après lui les plus poètes de nos maîtres, Delacroix et Corot, s'y soient intéressés. Mais qu'un artiste de grand goût calcule ses tailles, ses effets, sa morsure en vue d'obtenir un accord de tons s'équilibrant avec la typographie, l'on aura un ouvrage d'un puissant intérêt.

La preuve en est donnée par *Adolphe*, cette œuvre de Benjamin Constant que Georges Jeanniot, vétéran de l'illustration et las de certaines trahisons dans l'i terprétation de ses dessins toujours vivants et distingués, s'offrit le luxe d'éditer lui-même en 1901. Or, celui-ci est vraiment un chef-d'œuvre du genre. Et si personnel, si bien à l'image du maître qui l'a conçu, ne se fiant qu'à son goût, aux intuitions de son esprit. Seulement des types, des attitudes répondant au caractère du roman « où est peint surtout un milieu et dans ce milieu des êtres généraux ». Et le graphisme de l'illustrateur s'accorde avec cette conception. Nul fignolage, ni surcharge : un trait élégant mais profondément mordu afin que l'encrage s'accorde d'aussi près que possible avec celui de la typographie ; une notation libre retenant les épisodes essentiels, les états d'âme des personnages. « L'esprit du texte commande celui de l'illustration. » Mais, dans ces eaux-fortes, qu'on croirait improvisées dans la fièvre de la lecture, que de science et de fine observation ! C'est qu'au fond, cette improvisation apparente cache un grand labeur. Jeanniot n'avait pas cherché dans moins de sept cent quinze dessins les cinquante qui devaient être transcrits à l'eau-forte (1). Georges Jeanniot a, dans la suite, donné deux autres livres d'idées, d'époques très différentes et qui révèlent avec non moins de bonheur sa souplesse de concep-

---

(1) Quelques-uns de ceux qui furent, en définitive, rejetés se trouvent reproduits, supérieurement gravés sur bois en deux tons par Jules Germain, dans la plaquette de Clément-Jamin, *Le Livre d'Artiste* (à propos de l'illustration d'*Adolphe* par Georges Jeanniot, — Bosse, 1904), à laquelle nous empruntons les citations guillemetées. En rapprochant les eaux-fortes de Jeanniot de ces bois gravés, on peut se faire une nette opinion de la valeur des deux procédés.

tion et d'exécution. Ce sont, pour l'éditeur Carteret, *les Liaisons dangereuses* (1919) illustrées d'eaux-fortes en couleur ; pour les Amis du Livre Moderne, *les Paysans* de Balzac, dont j'aime surtout les têtes de chapitres, — échappées de nature d'un prenant effet. De son côté, Albert Besnard dota l'*Affaire Clémenceau* d'Alexandre Dumas, d'une suite de lumineuses eaux-fortes (le Livre contemporain, 1905).

C'est également par l'eau-forte que Charles Jouas a conquis, comme illustrateur, la grande réputation. Familier des vieux quartiers de Paris, du palais de Versailles, de la cathédrale de Chartres comme de Notre-Dame de Paris, il est généralement considéré comme le décorateur indiqué de tout livre évoquant les monuments du passé. C'est ainsi qu'il a successivement enrichi d'eaux-fortes originales tirées en hors-texte ou parmi le texte : le *Quartier de Notre-Dame* (Romagnol, 1905) et *La Cathédrale* de J.-K. Huysmans (Blaizot et Kieffer, 1909) ; *La Cité des Eaux,* — *Versailles,* — de Henri de Régnier (Kieffer, 1912) ; *Trois Églises,* — Notre-Dame, Saint-Germain-l'Auxerrois, Saint-Merry, — de J.-K. Huysmans (Kieffer, 1921). Uniquement inspirés des motifs architecturaux, les grands et petits cuivres qui ornent ces volumes révèlent, chez l'artiste, une vision pittoresque toujours claire et logique ; l'image situe le texte avec charme, souvent avec intensité. Quant aux travaux du graveur, ils sont obtenus à l'aide de tailles assez égales et largement mordues. Nul livre ne caractérise mieux les recherches, la volonté de Charles Jouas que *La Cathédrale*. D'ailleurs, lorsqu'il fut question de publier une édition de bibliophile de cette puissante œuvre, J.-K. Huysmans, charmé des illustrations du *Quartier Notre-Dame*, le désigna-t-il sans plus tarder. Et, de fait, il avait donné là, inspirées par Notre-Dame et ses environs immédiats, des eaux-fortes qui, par leur pittoresque, leur ragoût, répondent très librement, mais avec bonheur, à la vision de Huysmans. Cependant, dans ce livre-ci, il avait été gêné par certaines exigences de l'éditeur, tandis que dans *La Cathédrale* il n'a eu à tenir compte de nul malencontreux conseil. C'est Chartres dans toute sa grandeur qui est glorifié, le Chartres serré autour du hardi vaisseau gothique, le Chartres de l'évêché et des anciennes demeures aristocratiques, le Chartres des faubourgs avec sa rivière d'Eure enjambée par de vieux ponts et bordée de tanneries et de jardins. Du fait de la présence de grands ciels lumineux contrariés par des amoncellements de nuages qui constituent, en arrière de la cathédrale, une apocalyptique apothéose, « La Courtille » (p. 96), « Le Port du Massacre » (p. 122) sont en ce sens très caractéristiques. L'une des originalités de cette illustration, c'est la soudure aux grandes eaux-fortes formant tête de chapitre de lettres ornées également gravées, destinées, en dehors de leur propre valeur décorative, à faciliter la transition entre l'image et la typographie. Elles sont charmantes, ces initiales historiées : inspi-

BERNARD NAUDIN.
Villon, 1913.

rées toutes par la floraison de pierre de la cathédrale, elles en semblent des fragments arrachés.

Les eaux-fortes de Charles Jouas fixent des aspects, car il n'a d'autre souci que de créer une atmosphère en accord avec l'intelligence du texte. Si parfois il indique des personnages, ce sont des anonymes en sympathie avec l'ambiance. Mais il se garde d'accuser le particularisme des héros du récit. C'est à l'écrivain de leur donner l'animation supérieure. Cette manière est, à notre avis, la meilleure façon d'illustrer un livre. Le dessinateur ne doit pas s'interposer entre le texte et celui qui le lit, mais faire que ses inventions soient simplement un agrément, un repos. Au lecteur à personnifier, au gré de ses souvenirs sentimentaux, les images tendres ou abhorrées des personnages. C'est d'ailleurs l'une des tendances nouvelles de l'illustration que cette discrétion qui se contente de noter des aspects, de créer une atmosphère sans chercher à imposer des acteurs. Et la bibliophilie compte, conçus dans cet esprit, quelques volumes appelés à rester parmi les plus émouvants qui aient été créés. Au premier rang de ceux-ci, il faut placer l'édition de *Dominique* que la société du « Livre contemporain » chargea Gustave Leheutre d'accompagner de fines eaux-fortes. La volonté de la famille de l'écrivain était formelle. *Dominique,* c'était, à peine arrangée, l'histoire même de Fromentin ; il avait dans la tombe emporté le souvenir des chères effigies, nul ne devait en lever le voile. Restait, à la disposition de l'illustrateur, l'ambiance. C'en était assez pour qu'un artiste affiné réunit le plus fin bouquet de nature qui soit. Pénétré des paysages du livre, Gustave Leheutre, un carnet en poche, partit pour les Charentes, battant le pays de La Rochelle à Saintes. Il eut, bien vite, l'émotion de retrouver les lieux, les aspects, les silhouettes de monuments ou de verdures évoqués par Fromentin. Il en est résulté un commentaire gravé d'un charme infini. En bandeau, au-dessus des chapitres, en culs-de-lampe, là où l'action s'interrompt, c'est une continuelle résurrection : décors pathétiques dans lesquels deux ombres ont naguère passé. Voici la ferme de Coureuil et son marais où Dominique promena sa mélancolie, voici Saintes avec son église Saint-Eutrope, son quai Reverseaux aux demeures autocratiques, sa jolie rue du Pont-So. Tout cela exprimé d'une pointe fine, discrètement attendrie, comme est le style même de Fromentin. Car une édition à petit nombre, une typographie sans insistance, ont permis un tirage délicat, tout en nuances. C'est, si l'on peut employer une telle expression lorsqu'il s'agit d'un texte et d'images, une musique fine accordée au *lamento* de l'écrivain.

On doit, exécutés dans le même esprit, c'est-à-dire avec le souci d'éclairer un texte non par un simulacre d'action, mais par une ambiance, deux beaux livres à Henri Paillard. Graveur professionnel, principalement graveur sur bois, il avait dû, presque toute sa vie, interpréter les compositions de gens qui, souvent, ne le valaient pas. Aussi quel plaisir ce fut pour lui d'enrichir de gravures originales, pour Carteret, *Bruges-la-Morte* ; pour les Amis du Livre, trois nouvelles d'Henri de Régnier, réunies sous le titre de *Venise*, la délicieuse ville qui les avait inspirées. Dans ce volume-ci, c'est par l'eau-forte que Paillard évoqua le palais des Doges, la Piazetta, Saint-Marc ; pour l'autre, la gravure sur bois fut seule employée. Et cet ouvrage est de beaucoup le meilleur. Il est là, tout entier, avec son dessin pittoresque, son trait nerveux, coloré. Et comme tous ces croquetons se lient bien à la typographie, tout en l'aérant !

La plupart des livres dont on s'est occupé jusqu'ici n'ont que deux défauts, mais graves : leur prix, et, à cause de celui-ci, leur inaccessibilité du fait du petit nombre d'exemplaires placés chez des bibliophiles jaloux. L'influence qu'ils auraient pu exercer sur le goût général a donc été des plus lentes. Aussi, à la veille de la Grande Guerre, une revue d'art anglaise pouvait tout à son aise, mais avec un peu trop de complaisance, dénoncer la décadence du livre français pris dans sa généralité. Il était certes, pour la présentation, le conditionnement matériel, devancé par la production d'outre-Manche qui, elle, avait largement profité des enseignements de William Morris ; il paraissait même inférieur au livre allemand bénéficiaire d'une continuité de méthode, qui n'était pas de mise ici. Cependant, il y avait des tentatives intéressantes en ce qui concerne le livre accessible à la généralité des bibliophiles. Par exemple, un libraire plein de goût, Henry Floury, avait établi quelques volumes d'un excellent aspect, valant par le texte comme par l'originalité des illustrateurs. Tels *Les Rassemblements*, recueil de récits de Félix Fénéon, Edmond Pilon, Ernest La Jeunesse, Tristan Bernard, Pierre Veber, accompagnés de curieux bois de ce Félix Vallotton dont on ne semble pas généralement apprécier à sa valeur l'ironie profonde ; *Pœuf* de Léon Hennique, illustration de Jeanniot, excellemment gravés sur bois par Viego, un artiste de la race de Vierge ; *Chien-Caillou*, ce chef-d'œuvre inspiré à Champfleury par la vie singulière du graveur Bresdin, illustré d'eaux-fortes excellentes d'un autre graveur original, Paul Guignebault. De son côté, le graveur-éditeur Romagnol, piètre artiste mais adroit commerçant, lançait la collection de l'Académie des Goncourt, série de volumes d'une présentation agréable et parmi lesquels il faut retenir *Ragotte*, ce curieux roman paysan de Jules Renard, si compréhensivement commenté d'eaux-fortes originales de Malo-Renault, qui dans la suite s'est également révélé bon graveur sur bois dans l'illustration et le décor de *la Rapsodie foraine* et *le Pardon de Sainte-Anne-La-Palud* de Tristan Corbière (Floury), et aussi de *En route* de Huysmans (La Connaissance).

CHARLES GUÉRIN.
Les Fêtes Galantes, 1919.

IV

LE LIVRE INDÉPENDANT VERS 1914

L E triomphe définitif de l'art libre sur les formules
traditionalistes, à la suite de l'Exposition Uni-
verselle de 1900, eut sa répercusion sur l'esthé-
tique de l'édition. Au goût du livre sagement
ordonné, succède celui du volume décoré avec
originalité et dans lequel prime la personnalité de
l'artiste. Celui-ci conçoit-il de la couleur : les dissonances pittoresques, piment indispensable de tels
sujets imparfaitement définis, sont aussi bien accueil-
lies que les accords de tons les plus recherchés. Les
compositions, voire de simples accords de lignes,
peuvent ne se rapporter que de très loin au texte.
Qu'importe ! — Parallélisme, répond-on.

Chacun s'improvise illustrateur ou éditeur. Ambroise Vollard qui s'est intelligemment aperçu, en
feuilletant *l'Estampe originale* d'André Marty, ce
si curieux recueil qui réunit dans un simple porte-
feuille tous les talents d'une époque, de quelles

ressources d'invention étaient susceptibles certains d'entre eux, se met à faire de l'édition. Il donne, tout d'abord, un *Jardin des supplices* où les violentes proses de Mirbeau sont accompagnées d'un commentaire graphique de Rodin. Et les gens s'émerveillent !

Les expositions d'avant-garde ont, d'autre part, révélé un peintre charmant, au dessin primesautier, Pierre Bonnard. Vollard le charge d'orner de compositions légères, *Parallèlement* de Paul Verlaine, puis *Daphnis et Chloé*. Mais il ne pouvait être question d'astreindre cet artiste tout en nuances, changeant comme la couleur du temps, à employer pointe ou burin. Il lui fallait disposer de quelque chose qui eût la transparence, l'éclat fugace d'une poussière de pastel. Or, ce privilège, le crayon lithographique le possède. C'est donc avec son aide que Pierre Bonnard jeta entre les poèmes de Verlaine, emmi la prose délicieuse de Longus translatée par Amyot et filtrée par Courier, une foule de compositions délicates, animées de figures légères, capricieusement mouvantes. D'autres ont représenté nus les deux jeunes amants de Mythilène : lui les vêt, et leurs tuniques mal fermées en disent mille fois plus que les nudités de Raphaël Collin, artiste d'ailleurs probe.

Il faut feuilleter ce *Daphnis*, composé et tiré par l'Imprimerie nationale, regarder chacun des bandeaux et culs-de-lampe pour comprendre le charme d'un tel livre, l'un des plus réussis de cette nouvelle phase de l'édition de luxe.

Vers le même temps allait de Bretagne à Paris et de Paris en Bretagne, toujours un peu comme une âme en peine, un artiste qui, ayant participé auprès de Paul Gauguin aux repues-franches de Pont-Aven et bénéficié par surcroît de ses idées sur l'art, était par instant susceptible d'originalité, voire de bizarrerie. A celui-ci, Armand Séguin, Vollard demandait une illustration pour *Gaspard de la Nuit* d'Aloysius Bertrand, le romantique. Et Séguin fournissait une importante suite de dessins aux imaginations curieuses, non sans réminiscences parfois. Mais qui rendra leur diversité d'expression ?

Or, il est à ce moment-là, au fond de Montrouge, installé dans la verdure d'un grand jardin de la villa Brune, un bien intéressant atelier de graveurs sur bois. Tony Beltrand, un vieux routier qu'aucune difficulté de métier n'arrête, y travaille aidé par ses quatre fils, Jacques, Camille, Georges et Marcel. Toutefois l'aîné, Jacques, a été très tôt confié à la direction amicale et exclusivement artiste d'Auguste Lepère. Car à la villa Brune on fait de tout : la planche hâtive pour périodique, le bois dramatique pour publications populaires, mais aussi, et avec quel amour, la gravure soignée des publications de bibliophiles. C'est alors que le talent de la famille, souple, curieux, rompu à toutes les difficultés, s'affirme. Quel feu chez ces xylographes ! Un tas de Guys tombe-t-il un jour dans l'atelier, c'est un plaisir pour chacun de les interpréter, d'ordonner tailles et tons avec une telle entente de l'effet qu'à quelques pas il est difficile de distinguer la reproduction des originaux. Et ces tours de force accumulés iront enrichir un *Constantin Guys* pour lequel Gustave Geffroy écrit un bien joli texte (Floury). Voilà les praticiens rêvés pour accuser avec un sens très sûr de l'effet livresque, les desseins d'Armand Séguin. Et quelle variété dans les modes d'interprétation! Tantôt, c'est de la pure xylographie, tantôt des tailles dans l'esprit du Petit Bernard ou des graveurs d'Holbein. Mais, le sujet l'exige-t-il, les tailles se racinent comme s'il s'agissait d'un croquis de Daumier, ou cernent des blocs d'ombre parmi des réserves de lumière en vue d'effets à la Rembrandt ou d'oppositions à la Hugo, pour revenir peu après à la technique claire, nerveuse, impressionniste et impressionnante, usitée pour la mise en valeur d'un dessin de Daniel Vierge. Ou bien encore, un pointillé savant donnera la richesse de velouté d'une lithographie de de Lemud ou de Mouilleron. En fait, de par les talents des Beltrand, cette illustration de *Gaspard de la Nuit* a une telle force persuasive, qu'à travers le texte si prenant d'Aloysius Bertrand et très apte à suggérer des images personnelles, on sera néanmoins, bien souvent, tenté de concevoir les scènes selon les dispositions de la présente édition. Ce bel ensemble est comme le testament de Tony Beltrand qui meurt en 1904, laissant à ses fils, ces frères Zemganno de l'art, et en particulier à l'aîné Jacques, devenu

A cette heure, que fait-elle? Elle dort... Non, elle
ne dort pas ; c'est aujourd'hui la fête de l'arc,
la seule de l'année où l'on danse toute la nuit.
— Elle est à la fête...

Quelle heure est-il ?... Je n'avais pas de montre.
Au milieu de toutes les splendeurs de bric-à-brac
qu'il était d'usage de réunir à cette époque pour
restaurer dans sa couleur locale un appartement
d'autrefois, brillait d'un éclat rafraichi une de ces

ROBERT BONFILS.
Sylvie, 1919.

le chef de l'atelier, le soin de maintenir le renom familial. Et, on peut dire que tous les espoirs ont été dépassés, car le nom de Jacques Beltrand est inséparable de nombre des plus belles éditions du temps présent. Ce devait être, en effet, sa mission que d'établir des volumes qui, dans leur modernisme exquis, se trouvent être cependant les très légitimes parents des merveilleuses créations médiévales. Et ceci nous amène à parler de Maurice Denis, l'ingénieux créateur de tant de belles images, en grande partie gravées sur bois et tirées en couleurs par les soins de Jacques Beltrand aidé de ses frères.

Pour expliquer l'amitié qui le liait à Estienne de La Boëtie, cet autre « luy-même », Montaigne ne peut que dire « c'est parce que c'estoit luy ; c'est parce que c'estoit moy ». Et encore : « Nous estions à moitié de tout ; il me semble que je lui desrobbe sa part ! » La collaboration matérielle et spirituelle qui s'est établie entre Maurice Denis et Jacques Beltrand me paraît de même qualité. Car en louant les réalisations de celui-ci on ne peut oublier que l'auteur premier de ces belles choses est Maurice Denis. C'est lui qui a imaginé ce décor général, transposé l'esprit du texte dans ces reposantes et suaves compositions, suggéré leurs douces tonalités. C'est lui, enfin, ainsi que l'a écrit M. André Pératé, en tête de la grande édition illustrée des *Fioretti,* qui a évoqué « avec les gestes mêmes du Saint et de ses naïfs disciples, toute la nature si ardemment aimée, les vignes et les oliviers d'Assise et les cellules taillées dans le roc des Carceri, et les collines plus âpres et austères des Marches et les falaises et la haute forêt de l'Alverne ».

Un tel sens du décor ne s'improvise pas. Aussi sied-il de rappeler que la participation de Maurice Denis à l'ornementation des textes remonte à son entrée dans l'Art. En effet, des dessins pour *Sagesse* préparés dès 1889, joints à une peinture, *Mystère chrétien*, marquaient ses débuts au Salon des Indépendants de 1891. C'était déjà cette ordonnance rythmée, cette disposition de gestes et de lignes qui constitue la valeur autant que le charme exquis de son art. Car son programme était nettement arrêté comme le prouvent ses *Notes de néo-traditionnisme*, déjà anciennes, à ce moment là, de plus d'une année :

« Quand la plastique lutte de près avec l'Écriture, dans le livre, apparaissent des énormités. Je rêve d'anciens missels aux encadrements rythmiques, de lettres fastueuses, de graduels, des premières gravures sur bois — qui correspondent, en somme, à notre complexité littéraire par des préciosités et des délicatesses !

« Mais l'illustration, c'est la décoration d'un livre ! au lieu : 1º du placage de carrés noirs d'aspect photographique sur le blanc ou l'écriture ; 2º de découpures naturalistes, au hasard dans le texte ; 3º d'autres découpures sans aucune recherche, de pures habiletés de main, parfois (oh !) à prétexte japonais.

« Trouver cette décoration sans servitude du texte, sans correspondance de sujet avec l'Écriture ; mais plutôt une broderie d'arabesques sur les pages, un accompagnement de lignes expressives (1). »

Ces dessins n'ont reçu leur destination définitive qu'après de longues années, puisque ce n'est qu'en

(1) *Notes d'Art : définition du néo-traditionnisme.* Revue *Art et critique*, 30 août 1890, sous le pseudonyme de Pierre Louis. Réédition dans *Théories*, 1890-1914 (Rouart et Watelin).

1911 que les compositions de Maurice Denis, dont le nombre s'était d'ailleurs augmenté, furent accordées avec les poèmes de Verlaine dans la belle édition de *Sagesse*, publiée par les soins d'Ambroise Vollard. Le fin et sensible Jacques Beltrand en avait assumé la gravure, simple tirage en noir, respectant pleinement la composition première du dessinateur. Mais, qui n'évolue pas ? Et c'est un des intérêts de ce livre que d'y trouver et les fleurs du début et les fruits de la maturité. A côté de tel motif très réfléchi, les jolies naïvetés de : « O vous comme un qui boite » et de « Mon Dieu m'a dit », remontant à 1889. Mais, où Maurice Denis a vraiment révélé toute l'étendue de son noble et frais talent, c'est dans la décoration, au moyen de grandes compositions en couleurs, de ces beaux livres, chefs-d'œuvre d'art, qui sont la *Vita Nova* (1907), les *Petites fleurs de saint François d'Assise*, (1913) (1), *Eloa* (1917), la *Vie de saint Dominique* (1919), le *Livre de l'Eucharistie* (1921).

Comment, à l'impression, conserver le pur dessin, les fraîches colorations des originaux? C'est ici qu'intervient le graveur Jacques Beltrand qui, grâce à une science technique consommée et par la superposition des tirages, par des soins de tous les instants, est arrivé à rendre pleinement la délicatesse des modèles, de leur matité de fresques dont les harmonies délicieuses passent en charme tout ce qu'on peut imaginer. Est-

(1) Une édition plus accessible, avec bois en noir, a été donnée depuis par la librairie de l'Art catholique.

ce tout ? — Non : en chaque volume il est une dominante qui s'accorde avec l'esprit même du texte : *Eloa,* symphonie en bleu ; la *Vita Nova,* souvenir rose et mauve. Et, si les images et ornements des *Fioretti* se parent du rose tendre et du vert délicat des campagnes d'Ombrie, un tragique ocreux domine les visions de la *Vie de saint Dominique.* Ainsi pourrait-on, d'après la tonalité de l'image, indiquer l'esprit du texte. Ajoutons qu'il est tel de ces volumes, les *Fioretti,* par exemple, qui constituent, au sens absolu du mot, un livre orné, puisque, à chaque page, sont accolées au texte, du côté des marges extérieures, des bordures fleuries : violettes et muguet, chèvrefeuille, églantines, toutes les chères petites fleurs, « mille fois plus belles que celles des gens », qu'aimait le saint. Ainsi, cette production réalise bien le programme si noble élaboré dès 1889-1890 : « Décorer sans servitude du texte, sans correspondance de sujet avec l'Écriture ; plutôt une broderie d'arabesques sur les pages, un accompagnement de lignes expressives. »

Pour la mise au point de tous ces beaux ouvrages, Jacques Beltrand, nous l'avons déjà dit, est plus qu'un collaborateur. En effet, sa part d'interprétation est considérable. Les transpositions en couleur ne dépendent que de son goût, de la sûreté de son jugement. Il est d'ailleurs, lui-même, un artiste original dans toute l'acception du terme, ayant appris, au contact de Lepère, à se passionner, à savoir oser.

DISCOURS
SUR

LES PASSIONS DE L'AMOUR.

L'HOMME est né pour penser; aussi n'est-il pas un moment sans le faire; mais les pensées pures, qui le rendraient heureux s'il pouvait toujours les soutenir, le fatiguent et l'abattent. C'est une vie unie à laquelle il ne

5

CARLÈGLE.

PL. XII.   Discours sur les passions de l'Amour, 1920.

Aussi, à peine débrouillé, quelle tentation fut la sienne d'aborder, à l'imitation des Japonais en grand honneur dans l'atelier paternel, les impressions à plusieurs tons ! D'où l'exécution au prix de mille difficultés et un beau jour la mise en vente, chez Rouquette, du tirage à quelques exemplaires, d'un *Almanach pour 1897, orné de bois en couleur imprimés à l'eau*, véritable xylographe dont le texte comme le décor ont été dessinés, gravés, tirés par Jacques Beltrand lui-même. Effort curieux, mais qui révèle le débutant. Dans tous les cas, il ne le rebute pas car quelques années après, avec une belle confiance, il met en train un nouveau volume, un véritable livre celui-là : *Les petits métiers des rues de Paris*, dont Tristan Klingsor lui a fourni le texte qu'il orne de bois originaux. Tirage en noir et rouge réussi au prix de quels soins ! Lisons l'achevé d'imprimer :

Cet ouvrage a été entrepris l'hiver de l'année MCM. L'ornementation, la gravure et l'impression réalisées conjointement. La composition établie sous les soins de Jacques Beltrand, et les feuilles imprimées par Émile Féquet, compositeur-pressier, sur la presse à bras du graveur, en sa villa Brune. Achevé d'imprimer non sans peine et mené à bien aux premiers soleils de l'an MCMIV.

Tel quel, le petit livre est charmant avec ses souples figures taillées sur bois de fil. Il est telle d'entre elles,

« la Bouquetière », qui, par son élégance, ne serait pas déplacée dans une des inégalables impressions qui furent données à Venise à la fin du xv⁰ siècle. On aimera pour d'autres raisons « le Chiffonnier » à la charrette. Enfin, dans les en-têtes et culs-de-lampe, la plante est interprétée avec un goût ornemental très sûr. Voilà le jeune artiste classé et c'est alors que les sociétés de bibliophiles commencent à lui confier la gravure de maints volumes ; par exemple : *le Jardin de l'Infante* d'Albert Samain, avec dessins de Carlos Schwabe (Société du Livre contemporain) ; les *Idylles* de Théocrite, avec compositions de E. René Ménard accompagnées d'encadrements et d'en-têtes du graveur (Société du livre d'Art, 1911). Puis, luit le soleil : la collaboration avec Maurice Denis aux résultats si savoureux.

Pendant que, loin des gens et de leurs discussions trop souvent creuses, œuvrent un Maurice Denis, un Jacques Beltrand, soucieux de liberté autant qu'aucun, mais simplement pour avoir le droit d'innover dans le mieux faire, nombre de leurs confrères auxquels se joignent des critiques et des amateurs, prisonniers volontaires d'une sorte de Babel artistique, échafaudent formules sur formules, tout en niant la nécessité d'un savoir certain. L'orfèvre se fait peintre et le peintre, orfèvre. Beaucoup, à ce jeu, succombent. D'autres, naturellement doués, ne voient là qu'une possibilité d'affirmer, tous préjugés abolis, de neuves façons d'exprimer. Il suffit, pensent-ils,

PRÉFACE.

JE rencontre souvent, en rêve, Gérard de Nerval...
Voici d'ordinaire la façon dont a lieu cette rencontre. C'est à Paris, dans ce Paris nocturne que Gérard
de Nerval, en ses promenades de curieux et ses errances
de bohème, fréquentait jusqu'aux coins les plus ignorés
et aux plus secrètes impasses; c'est à Paris, dans un
des vieux quartiers du Paris d'autrefois où les réver-
bères n'existaient pas et où les lanternes suspendues en

DARAGNÈS.
La Main enchantée, 1920.

d'avoir un vif sentiment de la nature et de la vie, sans sacrifier au préjugé de l'initiation lente, traditionnelle, qui laisse au jeune feu le temps de se réduire en cendres.

Le graveur Paul-Émile Colin joue un peu, parmi ceux-ci, le rôle de précurseur. Physionomie bien curieuse que celle de ce médecin de campagne épris de nature et de dessin et qui, un beau jour, abandonne le coin où il exerce pour se livrer entièrement à sa passion. Ce qu'il aime à rendre entre toutes choses, ce sont, par la morsure du cuivre ou la taille du bois, les jeux de naturelle lumière que rend l'impression en noir sur blanc. Une première exposition organisée chez le marchand d'estampes Sagot, sous les auspices de Gustave Geffroy, le révèle aux connaisseurs vite séduits par la franchise d'un métier sans artifices s'accordant bien avec son vif sentiment de la nature, sa connaissance des hommes de la glèbe; personnages évoluant dans des paysages qu'il a eu tout le loisir d'étudier au cours de ses années de pratique médicale. Et, parmi les plus enthousiastes, figure l'éditeur Pelletan qui lui offre, pour ses débuts comme décorateur du livre, d'illustrer l'*Almanach du Bibliophile*, de 1902, justement consacré à la glorification de la terre et des champs.

Et Paul Colin, le docteur Paul-Émile Colin, taille trente bois originaux, évocations de nature aux lignes nobles et rudes comme la terre elle-même, comme le travail du paysan, mais dominées par de grands ciels souvent dramatiques, toujours lumineux. Simple commencement. C'est dans sa participation à une édition des poëmes d'Hésiode, *Les Travaux et les Jours*, suivie de pages d'Anatole France sur *La Terre et l'Homme*, qu'il donne toute sa mesure. Ici comme là, pas d'illustration proprement dite, mais, observe le critique Clément-Janin, « une suite de libres compositions parentes seulement du texte par le sentiment général ». Ce qu'il évoque, c'est l'âpre grandeur du sol aux temps héroïques, puis la claire beauté de la terre ordonnée par le génie de l'homme, de la terre inspiratrice d'une poésie d'harmonie : celle de l'enchanteur verbal qu'est Anatole France.

Mais parce qu'il est Lorrain lui-même et que tout ce qui touche à cette terre hier encore si menacée, maintenant une et indivisée, avait en lui une naturelle répercussion, peut-être y a-t-il plus de tendresse encore dans ceux de ses bois qui accompagnent la belle édition de *la Colline inspirée* de Maurice Barrès.

Dans ces divers ouvrages, Paul-É. Colin affirme surtout ses dons d'évocateur. Les textes ne sont, pour lui, que motifs à exprimer des spectacles consignés en sa mémoire. Avec *les Philippe* de Jules Renard, pour lesquels il exécute cent et un petits bois dont certains, par leur fantaisie, évoquent le souvenir du meilleur Gustave Doré, et *Germinal* que, à la demande des « Cent Bibliophiles », il enrichit de cent vingt-neuf bois, camaïeux et monochromes, il revient à la pure illustration, mais nourrie d'une saveur, d'accents de vérité qui font que l'amateur de beaux livres, en feuilletant ceux-ci, a l'étonnement — ou l'inquiétude — de trouver dans le tailleur d'images non pas un amuseur qui le repose un moment de l'attention portée au texte, mais un homme averti lui révélant des êtres et une nature dont le décor et les évolutions lui avaient jusqu'alors échappé.

Au temps où Maurice Denis, encore débutant mais déjà soutenu par le sérieux de sa pensée, jetait le brouillon de ses *Notes de Néo-Traditionnisme,* ses camarades Vuillard, Bonnard et lui-même, avaient en haute estime Émile Bernard, qui était légèrement leur aîné. C'est qu'il avait connu Gauguin, qu'il était réfléchi et parlait aussi bien des tendances modernes que de l'enseignement des maîtres du passé. Toutefois, ceux-ci finirent par le dominer et un beau jour il partait pour l'Égypte à la recherche de grands espaces propres à encadrer des scènes de bel équilibre. Puis, à son retour, il était pris par le désir d'orner d'arabesques et de figures des textes fameux, mettant à ces travaux toute sa conscience, surtout son intelligence critique préoccupée non d'affirmer au petit bonheur sa propre personnalité, mais, au contraire, de l'accorder avec l'esprit même des écrivains, la manière de voir de leur époque. Et pour conserver à ses compositions le sens large, vraiment typographique, qu'il désirait, il les gravait lui-même, préférablement sur bois de fil, établissant ainsi des silhouettes soutenues de sobres hachures, à la manière des premiers xylographes.

De 1901 à 1916, c'est-à-dire lentement, amoureusement, il menait une illustration des *Fleurs du mal* avec bandeaux, culs-de-lampe exprimés par larges traits, tracés comme au calame avec une encre dont le reflet serait doré, tandis que des effets de clair-obscur plus riches dramatisaient les grandes planches quelquefois parentes des imaginations de Chifflart ou d'Odilon Redon. Mais ne sont-ce pas de telles visions que suggèrent à nous-mêmes les poèmes de Baudelaire? Ambroise Vollard prenait à son compte le volume qu'il éditait avec toute la somptuosité désirable, en recourant à l'outillage de l'Imprimerie Nationale. Puis il attelait Émile Bernard à un *Ronsard* qui offre l'originalité de présenter des figures — des figures allongées dans l'esprit de l'École de Fontainebleau — accompagnées d'un texte calligraphié par Bernard lui-même, en parfaite harmonie avec les motifs ornementaux qui se déroulent en tête de page et en cul-de-lampe (1918). L'année 1920 a vu sortir, enfin, un *Villon* dont les figures s'accordent étroitement avec les fontes gothiques de l'impression. Ici comme là, mêmes verticales, mêmes obliques dont les directions semblent commandées par les fibres mêmes du bois entaillé. Le volume a ainsi un puissant caractère. Pastiche, penseront certains. Non point. Il suffit de comparer ce Villon à d'autres de même tendance parus depuis, pour constater combien, sous le masque néo-gothique, la personnalité du dessinateur demeure visible. Présentement, Émile Bernard termine l'illustration des *Fioretti* décorées de figures et d'ornements dans l'esprit des éditions florentines de la fin du xve siècle, c'est-à-dire avec xylographes exclusivement au trait, tout en menant parallèlement, pour la librairie Helleu, l'illustration des *Chansons françaises* de Paul Fort.

Pendant qu'Émile Bernard se préoccupe d'accorder ses compositions et une typographie avec l'esprit des volumes qui ont sa dilection, un autre artiste, plus jeune, grand admirateur des eaux-fortes de Rembrandt et nourri de Michelet, — du Michelet ardemment romantique de l'*Histoire de la Révolution*, — consacre ses efforts à rendre aux êtres, aux choses, vie et pensée.

C'est par la peinture qu'il a débuté, et par des scènes inspirées de l'épopée révolutionnaire. Car révolutionnaire, il l'est; et pour le passé et pour le présent, ainsi qu'il sied à ceux de sa génération qui ont de l'enthousiasme et de la générosité. Ses toiles sont aujourd'hui dispersées, peut-être détruites mais point oubliées de ceux qui les virent aux Indépendants. En fait, sans que Bernard Naudin ait eu l'occasion d'en subir l'influence, elles s'apparentaient à certaine peinture du musée de Lyon (une des rares peintures à peu près exécutées de Chenavard), et qu'une fois vue on n'oublie pas. Le sujet : *Une séance de nuit à la Con-*

vention. Au fond de la salle, dans une atmosphère de fièvre que quelques quinquets fumeux rendent plus tragique, des groupes se dressent en s'interpellant, se menacent, tandis qu'au premier rang, au bas de la tribune, un Danton colossal, disproportionné avec le reste, domine le tumulte. C'est un peu cela que rendaient les premières peintures de Naudin. Mais, par l'eau-forte dont François Courboin lui apprend à se servir, et par des dessins lavés de sépia, il devait mieux encore retenir l'attention des connaisseurs, troublés par les accents dramatiques de pièces où des évocations de la vie de misère ont la première place. Les modèles de Naudin, en effet, ou du moins ceux dont sa mémoire a retenu l'allure, l'expression, quels sont-ils? Des bohèmes, des galvaudeux, des errants de roulottes. Vise-t-il plus haut? C'est au penseur révolté Ferrer qu'il songe, le présentant étendu, mort, livré aux insultes des parasites de la Société. Ces planches ont, toutes, un air fantômatique et douloureux qui trouble et retient. Cependant, souvent, leur graphisme étonne et déconcerte par sa sobriété, ses particularités de présentation de la figure humaine, accusée sans que l'ombre intervienne — ou si peu. Aussi ne s'étonne-t-on pas que l'un de ses fervents admirateurs, l'éditeur André Peignot, l'un des membres de la famille admirable des fondeurs de ce nom, décidant de l'aiguiller vers la décoration du livre, lui ait confié tout d'abord l'illustration de l'*Homme qui a perdu son ombre*, le conte

Il ne put dormir et veilla toute la nuit, en grand malaise, à cause du chevalier qu'il aimait et qui, pour un tel méfait, allait perdre son amitié.

ROUBILLE.
La Chastelaine de Vergi, 1920.

troublant d'Adalbert de Chamisso. Or, il réussit à souhait. Alors André Peignot, qui sait les dilections de Bernard Naudin pour tout ce qui vit ou a vécu en marge des conventions, lui demande une série d'eaux-fortes pour la décoration d'une édition maîtresse du *Grand Testament* de François Villon. Non seulement Naudin doit évoquer la troublante atmosphère des poèmes, mais il a mission de dessiner un nouveau caractère, un caractère français dit de « tradition » et dont l'italique élégante empruntera ses éléments à l'écriture même de l'artiste. — André Peignot a été tué, mais le Villon paraîtra pour le grand honneur de sa mémoire.

Une exposition au profit de l'*Œuvre des Libérées de Saint-Lazare* ayant donné lieu à la publication d'un ouvrage consacré à la *Misère Sociale de la Femme*, Bernard Naudin avait été chargé de graver le frontispice : « l'Arrestation », scène poignante, montrant une prostituée se débattant contre trois agents qui la veulent entraîner. Et cette pièce tragique engageait l'éditeur Crès à lui confier, pour sa collection des « Maîtres du Livre », l'illustration de *Marthe* de Huysmans, suivie de celle, très heureuse, de l'*Apprentie* de Gustave Geffroy.

Tout autre devait être la production de guerre de Bernard Naudin. Dans la profusion de dessins qu'il trouve, lui mobilisé, lui blessé, le temps d'exécuter pour encadrer des textes de circonstance édités chez Helleu : *Ce que disent nos morts* d'Anatole France

(1916), *la Guerre, Madame* de Paul Geraldy, *Discours de Georges Clemenceau du 7 Septembre 1918, France-Amérique,* c'est la foi ardente du lecteur fiévreux de *l'Histoire de la Révolution* qui s'épand de ces croquis, de ces compositions où les attributs de l'épopée de 93 se confondent avec ceux de la Grande Guerre. Et comme ces dessins, si bien accordés avec l'esprit du texte, révèlent, par leur aspect cursif, ce caractère de notation rapide qu'exige l'époque! La griffe de Naudin marque vraiment, et d'une manière indélébile, cette période 1914-1918.

L'éditeur René Helleu, dont il vient d'être question, est le successeur d'Édouard Pelletan décédé en mai 1912. Collaborateur puis gendre du grand éditeur, il n'avait, semble-t-il, qu'à suivre la voie déjà tracée, c'est-à-dire enrichir, selon un esprit et une présentation identiques, la série de volumes dont le type était, dès lors, consacré. Mais il n'est pas dans la nature française de répéter à l'infini une formule, fût-elle excellente. En effet, René Helleu, qui est lui-même une personnalité, n'allait pas manquer d'apporter aux ouvrages ordonnés sous sa direction un caractère nouveau plus en rapport avec les dilections littéraires et artistiques de la nouvelle décade. C'est ainsi que pour la décoration de l'un des deux premiers livres mis en chantier, les *Fêtes galantes,* le nouvel éditeur portait son choix sur un artiste de tendances bien modernes : Charles Guérin, peintre habituel de belles dames promenant leurs falbalas second Empire sous les allées, parmi les parterres de nobles parcs. Mais quel mode d'expression choisir ? Bien vite l'artiste et l'éditeur se mettaient d'accord sur la lithographie qui permet de nuancer les ombres et les lumières en passant par les gris les plus délicats. Or, ce qu'il fallait ici, selon le vœu du poète, c'était précisément la nuance :

> Car nous voulons la Nuance encor,
> Pas la Couleur, rien que la Nuance !
> Oh ! la Nuance seule fiance
> Le rêve au rêve et la flûte au cor !

Et, au contact de la pierre lithographique, Charles Guérin révélait, à travers le voile léger d'une atmosphère nacrée, tout un monde de gracieux fantômes, morts mal endormis au décès de Watteau et ressuscités par le génie de Verlaine. C'étaient aussi de simples motifs : une balustrade, une gerbe de fleurs, bref, tout ce qui touche l'âme par un beau soir et persiste à jamais en la mémoire :

> Les belles se pendant rêveuses à nos bras,
> Dirent alors des mots si spécieux, tout bas,
> Que notre âme depuis ce temps tremble et s'étonne.

Les Fêtes Galantes et aussi *les Villes tentaculaires* de Verhaeren, avec bois de Brangwyn, étaient en train sur l'instant que la guerre éclatait. Mais Charles Guérin prenait l'uniforme et, un moment aussi, Helleu. En fait, ces livres n'ont paru qu'à la paix. Or, cette interruption permettait à l'éditeur d'utiles méditations et, quand il se réinstallait, son goût se ressentait de soucis nouveaux. Il s'orientait vers une illustration plus évocatrice que concrète, dernière étape avant la décoration purement ornementale qui caractérise les récentes productions de la librairie.

C'est dans cet esprit qu'étaient ordonnées les *Histoires extraordinaires* d'Edgar Poë, pour lesquelles Bernard Naudin dessinait, en tête des chapitres, vingt-deux compositions évoquant l'atmosphère même de chaque drame, et dans le tragique instant où les acteurs abandonnent la scène de leurs exploits, laissant inertes les victimes ou cahotiques les choses. Ceci, dans l'esprit même d'Edgar Poë qui, on le sait, n'aimait pas la figure humaine. Ainsi, pour le *Double assassinat de la rue Morgue*, une chambre vide, pour la *Révélation magnétique*, une redingote abandonnée sur une chaise et, par une porte, la vision d'un lit dont les couvertures moulent la forme des pieds, seule partie visible de l'enveloppe charnelle de M. Vankirk.

L'artiste-relieur René Kieffer, que ses relations de jeunesse, ses amitiés présentes plaçaient plus encore dans le mouvement d'art d'avant-garde, s'était lancé, lui aussi, dans l'édition. Ses illustrateurs, il ne craignait donc pas d'aller les recruter dans les extrêmes avancées de l'art contemporain : il acceptait d'eux d'introduire parmi des textes noirs de la couleur et par les procédés les plus propres à en rendre avec franchise les harmonies comme les dissonances. Il n'a

si opportun ? Quel Italien refuserait le respect à ce
rédempteur ? La domination barbare répugne à tout
le monde. Que votre illustre Maison entreprenne
cet exploit, avec le courage & l'espérance qui
accompagnent toujours un dessein si équi=
table ; afin que, sous vos étendards, la
patrie devienne glorieuse, & que
sous vos auspices se vérifie
ce dit de Pétrarque :

Virtù contra furore
Prenderà l' arme : e fia 'l combatter corto ;
Che l' antico valore
Ne gl' Italici cor non è ancor morto .

LOUIS JOU.
Le Prince, 1921.

pas eu à le regretter : *Hyalis* d'Albert Samain, et les *Romances sans paroles* de Verlaine, illustrés tous deux d'eaux-fortes en couleurs et de bois gravés de Picart le Doux, sont de charmants volumes. Et n'en est-il pas de même des *Litanies* de Rémy de Gourmont, avec encadrements décoratifs et vignettes d'André Domin, coloriés à la poupée ainsi que le *Manuscrit trouvé dans une bouteille* d'Edgar Poë, illustré par Pierre Falké ? Enfin, une illustration de *Monsieur de Pourceaugnac* due à Joseph Hémard justifie pleinement le choix de ce dessinateur dont la réputation ne fera que grandir.

Parallèlement prospérait un groupe d'artistes admis ou seulement aspirants à la fréquentation du monde du théâtre et des élégances raffinées, et ceux-ci prenaient plaisir à concevoir des décors et des types dont le modernisme d'allure s'agrémentait de particularités de toilettes archaïques. Oh ! peu reculées : Directoire, Empire, Restauration. En fait ces dessinateurs aimables, parfois très fins et ironiques observateurs des ridicules de leur temps, réagissaient contre l'exagération de nouveauté de certains de leurs confrères : ils réclamaient le droit au confort même au prix d'un apparent retour vers ce passé dont maints parvenus étaient d'ailleurs férus. Pour triompher, quelle meilleure propagande que l'image ! Or, voici qu'en 1913, un manager adroit, Lucien Vogel, lançait la *Gazette du Bon Ton* qui voulait être, comme le déclara le très fin Henry Bidou dans les pages de présentation, « le journal du goût ». Et la nouvelle feuille s'attachait un groupe de dessinateurs ayant fait leurs preuves au salon d'Automne et à celui des Artistes décorateurs en même temps qu'en maints organes élégants ou satiriques : c'étaient Barbier, Bernard Boutet de Monvel, Pierre Brissaud, Robert Bonfils, Brunelleschi, Carlègle, Drésa, Iribe, Lepape, A. Marty, Taquoy etc.., dont les jolies inventions se trouvaient commentées par des écrivains de même esprit : Jean-Louis Vaudoyer, Émile Henriot, Roger Boutet de Monvel, Jacques Boulanger, P. Cornu, etc... Enfin, l'élégance de la présentation était encore accrue de l'emploi du « Cochin » encadrant des compositions exclusivement tirées en couleur, soit par le moyen des plus récents procédés chromotypographiques, soit par le vieux mais toujours pimpant emploi du coloriage à la poupée. Du journal, cette élite d'artistes passait au livre et c'est encore René Kieffer qui les accueillait. Le délicieux Drésa, le plus spirituel et le plus artiste de tous ces artistes, donc un peu leur maître par son passé de narrateur ingénieux, de peintre d'exquises maquettes théâtrales, consentait à enrichir de vignettes et d'eaux-fortes originales en couleurs le *Bon-Plaisir* d'Henri de Régnier, tandis que Pierre Brissaud évoquait fort galamment, par des eaux-fortes à plusieurs tons et d'un grand charme, les personnages d'*Eugénie Grandet*. Il a depuis donné bien d'autres compositions en couleurs, notamment pour *Madame Bovary* (Le

Livre). Mais est-ce parce que celles-ci sont simplement et peut-être infidèlement rehaussées d'un coloris au patron, elles me semblent inférieures.

De son côté, Robert Bonfils aux éditions du Mercure de France, puis chez Kieffer, commence à imposer son beau talent, depuis unanimement reconnu et maintenant sollicité par Pichon, la Société Littéraire, etc... Et, avec combien de raisons !

Choisissez un poème, un roman, surtout quelque histoire tendre et pathétique sur laquelle le temps a passé, et priez Robert Bonfils de semer en tête et en fin de chapitre, parmi la typographie de certaines pages, quelques-uns de ces motifs aux tonalités vives et pimpantes qui semblent naître de la fantaisie de son pinceau. Il donnera à l'ouvrage la parure la plus séductrice qui soit. Mais entre tant de volumes ornés de bois gravés de sa main et rehaussés de fraîches couleurs (*Les rencontres de M* de Bréot* de Henri de Régnier, et *la double Maîtresse* du même, *Clara d'Ellebeuse* de Francis Jammes, les *Sonnets de Louise Labbé)*, je n'en connais pas de plus exquis que *Sylvie* du cher Gérard de Nerval. De la couverture, l'une des plus agréables de tous les temps et par sa typographie et par l'ovale de la guirlande de roses qui l'encadre, à la dernière page, c'est une succession de visions ravissantes et si modernes sous leur apparence de résurrection, qu'il semble que ce ne soient pas les charmants héros du conte qui bénéficient du rapprochement, mais nous-mêmes qui, subitement reportés en arrière, devenons les confidents des amours de Gérard et de Sylvie. Des évocations telles que « la Salle de spectacle », « le Cabriolet fuyant sur la route », « Sylvie surprise dans l'encadrement d'une fenêtre décorée de glycines », « Gérard agenouillé devant Sylvie », sont autant de spectacles délicieux. Pour les *Sonnets de Louise Labbe*, les sonnets passionnés de la pauvre amante sur laquelle « Calvin tonne en méchant latin », c'est autre chose. Quel piquant imprévu de trouver, animant ces poèmes que lut Ronsard, de jeunes images évoquant des amants des siècles plus modernes. C'est qu'insoucieux de vérité archéologique, Robert Bonfils, moraliste fantaisiste, a entendu rappeler que l'amour était de tous les temps. Lorsque le cœur est chaud et que jeunes sont les formes, coiffures et vêtements comptent pour bien peu, ce sont même entraves inutiles et pour cause...

Les ouvrages signalés appartiennent à la catégorie des livres de haute bibliophilie. C'est dire que leur possession est interdite aux gens plus riches de goût que de numéraire.

En utilisant la collaboration de tant de jeunes talents traditionnistes ou novateurs, était-il vraiment impossible d'établir, en cette seconde décade du xxe siècle, des volumes bien imprimés, sur papiers de choix, avec ornements originaux, et propres à satisfaire les délicats sans les ruiner ? Le libraire Crès ne le pensait pas, et sachant oser, lançait avec le concours d'un actif bibliographe, A. Van Bever, « les Maîtres du Livre ». Le but : à un prix moyen, publier « des œuvres inédites ou rares, des chefs-d'œuvre de la littérature française de diverses époques, ainsi qu'un choix de productions les plus caractéristiques des meilleurs écrivains contemporains ». Mais ce qui sera nouveau, c'est la présentation matérielle : des volumes d'un format commode (in-18 grand jésus) soigneusement imprimés sur vergé à la cuve ou vélin teinté, avec de beaux caractères accompagnés d'ornements selon « la tradition typographique française » faite d'élégance et de clarté. La nouvelle collection obtenait très vite le plus grand succès. La guerre ne l'interrompait même pas. Aussi, le libraire, d'abord modestement établi place de la Sorbonne, possède-t-il aujourd'hui pignon sur la rue Hautefeuille.

« Les Maîtres du Livre » comportèrent d'abord, outre un frontispice particulier, une série de beaux ornements typographiques passe-partout, gravés par les plus ingénieux artistes du moment. Puis, la faveur s'étendant, beaucoup d'entre eux bénéficièrent d'une complète unité décorative.

Au premier rang des volumes qui valent par l'unité de la décoration et du texte, on signalera *le Livre de mon ami*, si heureusement paré de bois de Siméon et le *Deuil des primevères* de Francis Jammes, décoré par Galanis; puis encore, *le Roman du Renard*, supérieurement orné par Lebedeff, *Lettres de Malaisie* de Paul Adam, avec compositions dessinées et gravées par Maurice De Becque; on louera aussi les *Amours jaunes* de Tristan Corbière, orné de trois prenants bois en couleurs de Deslignières et *Paul et Virginie* dont le frontispice en camaïeu de F. L. Schmied est si curieusement exotique, mais ces derniers volumes ont moins d'unité que les précédents, les ornements accessoires étant d'un tout autre esprit.

Nombre d'artistes ont participé à la décoration des quelque cent volumes publiés jusqu'ici. P. E. Vibert signa presque seul les frontispices et ornements des tout premiers volumes, puis vinrent Louis Jou, Ch. de Fontenay, Daragnès, Robert Vallin, — celui-ci graveur à l'eau-forte, — les dessinateurs Paul Baudier, Ciolkowski, etc., dont les inventions ornementales ont été très heureusement gravées sur bois par Georges Aubert et Ch. Maylander.

Les éditions Crès ne pouvaient s'en tenir à cette manifestation. Aussi, ont-elles depuis lancé avec le même soin et le même goût « Le Livre catholique », « La Bibliothèque de l'Académie Goncourt », la précieuse série de « Jeunes et Maîtres d'aujourd'hui », etc. Quelques beaux livres isolés aussi. Par exemple, *les Bains de Bade* de René Boylesve, avec des dessins de suprême élégance de Georges Barbier, gravés sur bois par Georges Aubert.

LE
JARDIN D'AMOUR

ANS une campagne isolée et tranquille pour être tout entiers l'un à l'autre, nous avons fait choix d'une petite Propriété. Nous nous y retirons pleins de joie et de désirs, les derniers jours de chaque semaine, dès que l'hiver est passé. La Nature est dépouillée et silencieuse ; mais bientôt notre Amandier fleurit et le Coucou commence de chanter.

Nos premiers séjours sont actifs : nous suivons les promesses des Pommiers qui sont conduits en losanges autour de notre petit Parterre, nous faisons une visite de reconnaissance à chacune de nos Plantes vivaces, nous semons et repiquons les Plantes annuelles. Enfin, nous aiguisons les cônes de Buis avec les cisailles : dans notre Jardinet, les formes comme les couleurs et les fleurs sont aussi vives que notre jeunesse.

Les Plates-Bandes sont garnies de Fleurs aux couleurs chaudes, et comme elles sont bordées de Buis hauts, larges et sombres, elles sont pareilles à des yeux bordés de cils longs et noirs. A côté d'elles.

PAUL VÉRA.
Les Jardins, 1920.

V

LE BEAU LIVRE DEPUIS LA GUERRE

PAR les perturbations économiques qu'elle a amenées, la Grande Guerre a profondément modifié les conditions d'établissement du livre français et, par suite, l'orientation de la librairie contemporaine.

Avant la guerre, point ou peu de publications intermédiaires entre l'ouvrage de grande bibliophilie tiré à petit nombre et avec tout le luxe possible, donc d'un prix de vente élevé, et les publications courantes. Pour celles-ci, le problème se résumait à établir le volume le plus économiquement possible, sans souci de l'aspect. Cependant l'éditeur ne calculait pas avec le papier, d'ailleurs détestable, mais qui, les hostilités ouvertes, a trouvé le moyen d'être pire. Si l'auteur est de vente, on compte aussi pour peu les frais de composition quoique le prix de la main-d'œuvre typographique ne cesse de s'élever. Bref, ce que le libraire vend, ce que le lecteur achète, c'est un texte copieux. Les romans, en un seul volume de 400 pages, sont courants ; il arrive même que les 500 pages soient parfois dépassées, — avec Émile Zola, par exemple. Car l'éditeur est certain de se rattraper sur la multiplicité des tirages. Et ce qui est vrai pour Zola l'est également pour les romans populaires dont la présentation vulgaire n'atténue en rien le succès. Quant aux ouvrages de mérite dont le débit se ralentit, ils font l'objet d'une innovation. On baisse leur prix tout en rajeunissant leur habillage qui revêt la forme d'élégantes plaquettes présentées sous couverture illustrée par un artiste de talent. Ainsi arrive-t-il pour les rééditions à quatre-vingt-quinze centimes ou à un franc quarante-cinq que lancent les librairies Calmann-Lévy, Laffitte, Fayard, etc.

Aujourd'hui, force est de compter avec le prix du papier, quelque détestable qu'en soit la qualité, et plus encore avec les frais, devenus exorbitants, de la main-d'œuvre typographique. Aussi, les éditeurs, et particulièrement ceux qui ne possèdent pas des auteurs de grande vente, ont-ils été amenés à établir des volumes, ou plutôt des plaquettes à tirage limité, sur grand papier, demandant peu de composition mais rachetant un texte écourté par de beaux caractères accompagnés de vignettes et de motifs décoratifs dus à des artistes de talent. En fait, les éditeurs se rallient à la conception des industries de luxe qui visent à balancer le coût élevé de leur production par la présence d'un facteur qu'ils savent être apprécié à

CHAPITRE XV

COMMENT GARGANTUA FUT MIS SOUBZ AULTRES PEDAGOGES.

Atant son pere aperceut que vrayement il estudioit tres bien et y mettoit tout son temps, toutesfoys qu'en rien ne prouffitoit et, que pis est, en devenoit fou, niays, tout resveux et rassoté.

De quoy se complaignant à Don Philippe des Marays, vice roy de Papeligosse.

entendit que, mieulx luy vauldroit rien n'aprendre que telz livres soubz telz precepteurs aprendre, car leur sçavoir n'estoit que besterie et leur sapience n'estoit que moufles, abastardisant les bons et nobles esperitz et corrompent toute fleur de jeunesse.

« Qu'ainsi soit, prenez (dist il) quelc'un de ces jeunes gens du temps present, qui ait seulement estudié deux ans. En cas

HERMANN-PAUL.

Gargantua, 1920.

l'étranger : le goût français. Et vraiment, un succès sans précédents, sur la durée duquel il serait néanmoins imprudent de trop compter, a donné raison à cette orientation nouvelle de l'édition qui couvre amplement les débours du libraire et sert l'auteur dont la qualité d'esprit, ainsi parée, semble bien plus belle. Mais cette solution ne peut s'appliquer, hélas ! à toute la librairie, car il faudra toujours dans le roman, le livre historique ou scientifique, tenir compte des possibilités de développement du texte, même aux dépens de la présentation.

Au premier rang des hommes qui ont le plus heureusement contribué au renouveau du livre français dans sa forme nouvelle, il convient de placer l'imprimeur Léon Pichon, devenu, pour la circonstance, éditeur et graveur. Héritier d'une petite imprimerie prospère installée boulevard Sébastopol, il en a, vers la fin des hostilités, transporté l'outillage modernisé et étendu, dans un vieil hôtel de la rue Christine, dont le décor va bien à la vie de recherches qu'il mène désormais. L'ambition des parfaites impressions l'avait d'ailleurs pris dès avant la guerre. En juillet 1913, il faisait paraître, belle de ses seuls caractères soigneusement mis en valeur par un tirage en noir et en rouge, une noble page de Georges Clemenceau : *Vouloir ou mourir*, suivie, en avril 1914, de l'édition « monumentale » de *Une saison en enfer* d'Arthur Rimbaud. Avec ses caractères gravés d'après l'un des meilleurs types vénitiens du XVIe siècle, cette plaquette in-4° jésus, tirée, elle aussi, en noir et en rouge à 150 exemplaires sur Hollande et Japon, avait vraiment le caractère « monumental » voulu par les admirateurs d'Arthur Rimbaud désireux de pleinement l'honorer dans l'une de ses œuvres les plus puissantes.

Ce succès orientait définitivement l'activité de Léon Pichon vers le beau livre qu'il entendait enrichir désormais de bois, de beaux bois francs et modernes, aux noirs puissants, bien typographiques, et il mettait en train, avec le concours de Carlègle, les *Lettres de la Religieuse portugaise*. Elles ne devaient paraître qu'en décembre 1917, contrariée que fût leur impression par la mobilisation de l'imprimeur. Depuis, avec la collaboration de Carlègle encore, de Daragnès, d'Hermann-Paul, de Dethomas, de Robert Bonfils et d'autres, il a donné maints beaux livres : *Daphnis et Chloé, La Fille d'Auberge, La Geôle de Reading*, dont on reparlera en étudiant la caractéristique de l'esprit livresque de ceux qui les ont illustrés. Ce qui plaît dans les éditions données par Léon Pichon, c'est la noble ordonnance des volumes, leur clarté, l'heureuse adaptation du caractère à l'esprit même de l'œuvre. L'ouvrage peut avoir un petit nombre de pages : grâce au format, à la qualité du papier, à l'équilibre du texte et des images, on a l'impression de tenir en main une publication d'importance.

Une autre physionomie bien curieuse, est celle de

l'imprimeur François Bernouard, fondateur de « La Belle Édition », ces volumes de présentation inhabituelle dont la marque est une rose rouge épanouie. Il n'est pas comme Léon Pichon, enfant de la balle. Poète, c'est par amour des vers bien présentés qu'il s'est fait typographe. Il surveillait d'abord jalousement l'établissement d'une revue, *Scheherazade*, qui fut éphémère mais si belle, tant par la présentation que par la valeur des textes et des images, que les bibliophiles la recherchent aujourd'hui ainsi qu'un rare trésor. Puis, il s'attaquait au livre, partant avec un programme, un idéal. Le programme : une typographie aux caractères grands et clairs espacés selon les règles des belles époques ; l'idéal : établir des éditions luxueuses sans être de luxe, répondant à ce souci d'avoir des livres, non pour la bibliothèque (où ils ont aussi leur place), mais pour la table : « Est-il possible, dans un intérieur de bon goût, de laisser traîner sur les meubles tel magazine, même à la mode. Nous avons créé nos livres afin qu'ils s'harmonisent avec les meubles anciens et modernes et qu'ils ne soient jamais déplacés sur une table à côté d'un bouquet de fleurs », écrivait-il. Poète, ami de poètes, François Bernouard devait surtout imprimer des vers. Il les présente en nobles caractères d'un corps bien lisible, — le plus couramment une fonte elzévir Beaudoire, Et, pour éviter les rejets incongrus, il adopte un format inusité : carré, parfois oblong, répondant au reste à l'emploi de feuilles double pot généralement pliées en in-12 carré.

Au moment de la guerre le nombre de ses plaquettes dépassait la vingtaine et se signalait par des productions bien personnelles : *Conversation avec la Gloire* de Maurice Rostand (1910), *Le Royaume de la Terre*, poème par Henri Bouvelet (1910), *Écho et Narcisse, Daphné*, poèmes par Paul Feuillatre, avec ornements de Roubille (1911) ; surtout ce *Florilège des poèmes de Théophile de Viau* orné de compositions et d'ornements dessinés et gravés sur bois par Charles de Fontenay, mort depuis à la guerre. La paix revenue, l'atelier a repris vie, le succès s'est même affirmé et de « La Belle Édition » sortent ou vont sortir des livres aussi différents que *XXIV Sonnets de don Luis de Gongora*, accompagnés de dessins de Benito Garcia, *Trois Contes d'après Boccace*, — version inédite de Jean Moréas, — ornés de six compositions de Charles Guérin, très intelligemment gravées au burin par Georges Gorvel, *les Dormeurs* de Walt Withman, celui-ci imprimé avec un lourd Didot et accompagné de bois fantomatiques de Marcel Gaillard, afin que caractères et images soient en accord complet avec le poème.

*
* *

Frappés de l'importance de la présentation pour la diffusion du livre contemporain, et du légitime succès qu'obtenaient auprès des bibliophiles et de toute

A FONTANES

J'ARRIVE de Naples, mon cher ami, et je vous
porte un fruit de mon voyage, sur lequel
vous avez des droits : quelques feuilles du
laurier du tombeau de Virgile. « *Tenet nunc
Parthenope.* » Il y a longtemps que j'aurais

une catégorie de lecteurs plus modestes les éditions soignées, revêtues d'un caractère d'art, des groupements d'écrivains et d'artistes ont mené à bien un effort parallèle, mais en l'élargissant. N'étaient-ils pas, d'ailleurs, les premiers intéressés, puisque, à côté du chef-d'œuvre oublié que leur piété littéraire ressuscitait, ils entendaient présenter avec un même soin des écrits d'auteurs contemporains, leurs œuvres mêmes, mais en étendant alors le tirage. Car il importait de toucher surtout le plus grand nombre possible de lecteurs : les uns attirés par la production nouvelle d'un de leurs écrivains préférés, les autres séduits seulement par la présentation du volume. Mais qu'ils l'ouvrent : s'ils ont une intelligence, un cœur, ils liront et ce sera un ami de plus gagné aux Lettres.

C'est dans cet esprit qu'était fondée, en pleine guerre, la « Société Littéraire de France ». Dès l'automne de 1916, elle pouvait publier, au prix de 3 fr. 50, trois volumes in-16 raisin, ayant chacun une physionomie bien tranchée. C'étaient d'Émile Verhaeren : *Poèmes légendaires de Flandre et de Bretagne*, ornés de bois gravés de Raoul Dufy; de François Le Grix : *Le Noël de Furnes*, avec frontispice gravé sur bois de Jean Lebedeff; de Guy de Pourtalès : *Deux contes de fées pour les grandes personnes*, un ouvrage particulièrement charmant et par l'idée et par le caractère des frontispices gravés sur bois par Louis Jou. A ces trois volumes succédaient des textes de Jea   Variot,

de Jacques Bainville, de René Benjamin; des images
de Guy Arnoux, de Carlègle, de Charles de Fontenay.
La « Société Littéraire de France » a, depuis, étendu son
effort, entreprenant des éditions de luxe qui valent par
les affinités existant entre un texte et son illustrateur :
le Russe Lebedeff ornant de « vivaces et barbares
estampes » enluminées, les *Contes populaires de
Pouchkine,* Guy Dollian commentant à sa manière
le *Poème à la France* de Rudyard Kipling, tandis
que Picasso apportait son concours à son ami André
Salmon pour présenter avec singularité *le Manuscrit
trouvé dans un chapeau.*

L'exemple de la Société Littéraire a été suivi par la
« Nouvelle Revue française », qui offre à sa clientèle un
ensemble de volumes de bonne présentation, et aux
bibliophiles un choix d'ouvrages de luxe illustrés selon
l'esprit nouveau, et de tirage restreint, — la grande
affaire pour ceux-ci ! Les sympathies du directeur de
la « Nouvelle Revue française », M. Gallimard, vont
aux artistes d'avant-garde : André Lhote, Dunoyer de
Segonzac, qui s'interprètent eux-mêmes par le bois,
mais aussi par l'eau-forte, le burin. Car si ce groupe
rend un juste hommage à la gravure sur bois qui « con-
fère au livre un style sobre et vigoureux », il faut con-
venir, observe le présentateur de ces éditions, « que la
gravure au burin et l'impression blonde du XVIIIe siècle
font une harmonie en parfait accord avec certains
textes, et qu'enfin les gris nuancés de la lithographie colorent agréablement le dessin net et pur du

Didot ». Et, en effet, au nombre des plus parfaits volumes qu'ait produits cette société d'éditions, il convient de placer l'ouvrage de Valéry Larbaud : *Beauté, mon beau souci,* dont le texte s'accompagne de burins d'une fine distinction dans leur singularité légère, dus à l'adresse de J.-L. Laboureur.

L'exemple donné par les Pichon, les Bernouard, la Société Littéraire, la Nouvelle Revue française, le succès incontestable qui a couronné leur effort ont incité maintes autres personnes à se lancer dans l'édition de bibliophile. Le nombre des jeunes maisons, des groupements littéraires et des revues qui luttent d'émulation en faveur du beau livre, du livre artiste, est maintenant considérable. Combien de remerciements ne leur doivent pas les lettrés ! Que de beaux écrivains du passé, ou seulement d'hier, sont, du coup, remis en honneur ; que de débutants, certains d'un bel avenir, leurs jolies éditions font entrer déjà dans le paradis glorieux des Lettres françaises. Citer toutes ces jeunes firmes est impossible. Comment n'en point oublier ! Et puis, il en naît chaque jour. Rappelons pour Paris les librairies : Mornay qui a donné plusieurs volumes d'une présentation excellente, lesquels ont largement contribué à faire connaître quelques graveurs originaux du plus bel avenir ; Boutitie, Coq, Camille Bloch, Lebègue, Jonquière, et ces firmes sonores ou singulières : LA BANDEROLE, LA CONNAISSANCE, LE LIVRE, LE SAGITTAIRE, LE MASQUE D'OR, LA SIRÈNE, « née au chant des sirènes de la guerre », a-t-on écrit. Même émulation en province, avec Le Hérisson à Amiens, Le Jardin de Candide à Grasse, Le Pigeonnier à Saint-Félicien (Ardèche), etc...

Et si, pour alimenter les textes, les bons écrivains anciens et nouveaux ne manquent pas, la multiplicité des illustrateurs lasse tout dénombrement. Mais il s'en faut que leur participation au livre soit dans la totalité toujours heureuse. A côté des sincères dont l'originalité sait se discipliner aux exigences typographiques, il en est d'autres qui n'ont ni science, ni même ces qualités aimables qui réussissent à illusionner sur la valeur réelle. Leur insuffisance n'est pourtant pas, en cet instant, un obstacle. Car, ce que certains éditeurs recherchent, ce que les néo-bibliophiles accueillent, c'est la singularité, la truculence. On veut être du dernier bateau, ne reculer devant aucune énigme. Le mérite est petit. Des gens, autrefois, suivaient les rébus qui terminaient tout « illustré » et mettaient à honneur de les déchiffrer. Aujourd'hui on peut cligner de l'œil d'une manière entendue sans comprendre, en entr'ouvrant d'ailleurs à peine le volume que l'on entend conserver dans toute sa fraîcheur en prévision de reventes futures.

Mais laissons là ces gens dont La Bruyère connut les prototypes et revenons aux artistes qui marquent dans la décoration du livre de cette heure. Nous ne jugerons pas leurs tendances, nous constaterons les résultats. Notre enquête n'ira pas sans citer beaucoup

I

LES MONSTRES

ES personnes qui m'ont dit ne se rien rappeler des premières années de leur enfance m'ont beaucoup surpris. Pour moi, j'ai gardé de vifs souvenirs du temps où j'étais un très petit enfant. Ce sont, il est vrai, des images isolées, mais qui, par cela même, ne se détachent

de noms, des contestables par souci d'exactitude ; des bons, pour notre plaisir.

Jeunes, ces artistes le sont pour la plupart, mais plus ou moins. Certains avaient déjà un apport apprécié en 1914. D'autres se cherchaient bien avant cette date : une participation heureuse à l'imagerie de guerre conçue dans un esprit nouveau, avec des tailles franches et de vives couleurs, les a menés tout droit à l'illustration. Il est enfin de nouveaux venus dont l'éducation s'est faite au petit bonheur, dans le trouble de ces dernières années. Des dons naturels servis par une observation intelligente, de la volonté ont fait le reste. A noter chez presque tous, l'ambition très honorable d'être les propres interprètes de leurs dessins. Il en résulte une école de graveurs, surtout de graveurs sur bois, qui tranche par ses audaces, ses moyens d'expression sur la production de ceux qui précédèrent. Ce que ces néo-techniciens recherchent, c'est avant tout l'arabesque, l'équilibre des noirs et des blancs, accordés çà et là par des trouées de lumière créant une atmosphère. Tous n'y réussissent pas également. C'est qu'en même temps que de l'ambition, il faut avoir de l'esprit, du goût, du sentiment pour être un bon xylographe. Gabriel Belot, qui pratique cet art et qui a l'amour de son métier, formule ces remarques judicieuses, à l'occasion d'une enquête sur *l'Illustration du Beau Livre :* « Je sais qu'il y a des artistes très sincères qui croient faire œuvre du graveur sur bois en laissant des grands à plats noirs ne tournant pas dans l'atmosphère et n'étant pas rongés de lumière. Au risque de leur faire un peu de peine ou d'être pris à partie, je dois dire que cela n'est pas de la gravure sur bois, mais bien plutôt du bois découpé à la façon d'un pochoir. Cela peut être décoratif, mais ne ressemble en rien à la gravure sur bois originale. En employant des planches ainsi conçues pour illustrer un livre, on est certain du résultat : avoir une gravure qui saute hors du texte ou qui s'y enfonce paresseusement faute de valeurs justes. » Rien n'est plus exact, aussi a-t-on de bonnes raisons de penser que seuls subsisteront de la production contemporaine les ouvrages à la décoration desquels auront participé les artistes sensibles ou les ornemanistes harmonieux, habiles à concilier un goût très moderne avec une connaissance raisonnée des besoins du livre, autrement dit, soucieux de l'accord de l'image avec un caractère choisi en vue d'un texte déterminé.

De ces décorateurs harmonieux, Carlègle est assurément l'un des plus complets. Intelligence du texte, élégance du dessin, sûreté de l'outil, celui-ci possède tout cela. Ses grandes compositions comme ses modestes culs-de-lampe ont toujours un lien intime avec la typographie. Noirs et blancs, comme celle-ci est noire sur blanc, ses bois ne sont jamais opaques, mais transparents par l'artifice de clartés opportunes. Primitivement dessinateur de journaux mondains, notamment de cette *Gazette du Bon Ton* où nombre d'artistes, aujourd'hui notoires, ont jeté tant de fantaisie, illustrateur également de romans à la mode, il a, depuis 1914, pris une belle place comme décorateur d'éditions pleines de goût. Bref, je crois bien qu'il est appelé à occuper dans sa génération, et par des moyens très personnels, une situation équivalente à celle que s'était faite autrefois Edmond Morin, comme lui si distingué et si intelligent.

A la demande de l'éditeur Pichon, Carlègle composait tout d'abord une suite de bandeaux et culs-de-lampe pour une illustration des *Lettres de la Religieuse portugaise*. Et, du fait de leur traduction en blanc et noir, ces motifs qui surprennent la nonne amoureuse dans ses insomnies, alors qu'elle passe des regrets au cauchemar passionné, du cauchemar à la décevante réalité, de la désespérance qui s'ensuit à une courbature morale voisine de la mort, troublent le spectateur, l'inquiètent, avec une brutalité de lanterne sourde dont la lumière brusquement surgie dans l'obscurité découvrirait le corps nu de la patiente dans la succession de ses misères psychiques.

Mais où Carlègle est tout entier lui-même, c'est-à-dire sensuel avec grâce, évocateur sans grossièreté, lumineux avec mystère, c'est dans un *Daphnis et Chloé* aux compositions légères animées de sveltes figures découpées sur des fonds harmonieux, et mieux encore, dans l'*Anthologie grecque*, semée de nudités piquantes et d'attributs finement attiques. Dans ces deux volumes, honneur des éditions Pichon, l'illustrateur révèle un sens du décor livresque vraiment exquis. Mais, quelque charmantes que soient ici ses inventions, il n'en est aucune qui surpasse, à notre avis, comme valeur typographique, la composition qui ouvre le *Discours sur les Passions de l'Amour* de Pascal (Pichon). Comment résumer mieux la pensée même de l'écrivain et avec un sens plus excellent des rapports qui doivent régir l'image et les caractères d'imprimerie, la tache de l'une et les menues arabesques des autres !

C'est également la librairie Pichon qui permit tout d'abord à Daragnès d'affirmer l'originalité de sa vision parfois fantomatique, souvent archaïquement caricaturale, mais toujours livresque. En effet, ses bois qui, isolés, ont de la singularité, une fois entourés d'un texte prennent une tout autre signification. Ce qui semblait tout à l'heure brutalité apparaît le plus naturel du monde. En fait, peu d'artistes se préoccupent autant que lui de l'accord de la lettre et de l'image qu'elle encadre. Il y a, certes, de l'âpreté dans une illustration de Daragnès, mais de quel accent !

Quelqu'un s'étonnait à l'audition d'*Iphigénie en Tauride* de Glück, de l'accompagnement sombre et tumultueux qui se faisait entendre pendant qu'Oreste disait : « Le calme rentre dans mon âme. » Et Glück de répondre, en colère : « N'écoutez pas Oreste ; il dit qu'il est calme, il ment ! » Or, c'est un peu ainsi que

IDYLLE I

Le pasteur Thyrsis et le Chevrier

THYRSIS

Il est doux, ô Chevrier, le bruissement de ce
pin, auprès des sources, mais les sons de ta syrinx
sont doux aussi. Après Pan, le second prix est
à toi. S'il choisit un bouc cornu, tu prendras une
chèvre; et, s'il prend celle-ci, une jeune chèvre te
sera donnée, et la chair d'une jeune chèvre est
bonne, jusqu'à ce qu'on la traie.

I

notre artiste comprend l'illustration du livre. Il évite
l'évidence banale et s'attache à l'état intérieur. Déjà,
dans son illustration du *Corbeau* d'Edgar Poë, le
fatidique oiseau n'arrivait qu'en fin de texte. Mais
l'expression du drame intérieur est plus visible encore
dans son importante illustration du douloureux poème
d'Oscar Wilde : *la Geôle de Reading*. Illustration
singulière, composée de petits bois de forme géomé-
trique : rectangulaire comme l'est toute alvéole de
cette ruche de désespérance qu'est une prison. C'est,
projetée à travers le texte, la tourmente morale qui,
plus que les quatre murs de la cellule, agit sur le pri-
sonnier. Ainsi le voit-on isolé, comme abandonné,
dans un vide cubique; puis aux prises avec les fantômes de son imagination; par contraste, ne trouvant
le repos, le repos des songes trompeurs, qu'à l'heure
du supplice :

> Il reposait comme quelqu'un qui dort et rêve sur l'herbe douce
> d'une prairie; les gardiens l'examinaient comme il dormait, et ne pou-
> vaient pas comprendre comment on peut dormir d'un sommeil aussi
> tranquille avec le bourreau à portée de la main.
>
> Oscar WILDE.

Mais Daragnès a montré plus de fantaisie encore
et, dans tous les cas, un sens plus vif du décor du
livre, dans la *Main enchantée,* cette nouvelle magique
de Gérard de Nerval. Des vues de Paris, du Paris
romantique ou plus ancien encore, alternent avec
des évolutions burlesques de personnages dont
la singularité répond bien au caractère même des

pages de Gérard. Le motif qui accompagne le chapitre singulièrement intitulé « Les Grègues du Magistrat » est, entre tous, caractéristique. Il ramène aux imaginations de Jarry, mais accordées en vue de l'effet livresque par une volonté très réfléchie.

Entre l'élégant Carlègle et l'âpre Daragnès, l'humour de Roubille a sa place. Sous son apparence primesautière cet artiste qui, dans la charge, demeure élégant, sait admirablement raisonner ses effets. Je n'en veux pour preuve que ses bois de la *Châtelaine de Vergi,* ce fabliau rapproché du français moderne par André Mary. Ils ont une saveur bien personnelle sous leur gentil archaïsme. Il y a notamment un amour qui semble n'attendre pour agir que les premiers accords d'une partition d'orchestre d'Offenbach ou de Claude Terrasse. On peut s'étonner que la collaboration de Roubille ne soit pas plus souvent sollicitée par les entrepreneurs d'éditions d'art.

Les premiers volumes édités par la « Société littéraire de France » étaient estampillés d'une élégante caravelle voguant toutes voiles déployées. Cette marque, à laquelle la Société Littéraire est restée fidèle, est l'œuvre de Louis Jou, l'un des plus curieux décorateurs du livre du temps présent.

L'artiste est d'origine catalane. Mais, sans être bien vieux, il habite Paris depuis d'assez longues années et son apport au livre français est trop considérable pour que nous ne le considérions pas maintenant comme nôtre. Dès 1910, il participe, avec François

ALFRED LATOUR.
Les Rêveries du promeneur solitaire, 1921.

Bernouard, à la fondation de *Sheherazade*. Il y tient un rôle d'autant plus significatif qu'il fut tout d'abord typographe de métier avant de devenir l'illustrateur savoureux que l'on admire. En une époque où, dans le livre, l'on se préoccupe, enfin, de l'accord intime du texte et des images, voilà donc le technicien rêvé : c'est-à-dire connaissant tout de l'agencement de la lettre et ne comptant que sur lui-même pour graver ses propres inventions. Mais si, artistiquement, il s'est, dans les années qui ont précédé, et aujourd'hui plus qu'hier, assoupli au goût français, l'empreinte originelle n'est point abolie. Ainsi, en d'autres temps, était-il arrivé pour Daniel Vierge, et c'est avec raison que, récemment, dans une excellente étude sur le « Beau livre », Raymond Escholier l'a montré « tributaire de la Renaissance plateresque » (1), qui donna jadis son caractère particulier à l'art espagnol des XVIᵉ-XVIIᵉ siècles. Ses éléments, et non son pastiche, ont certainement servi Jou dans plus d'un volume, notamment dans la belle édition du *Jaloux Carrizalès d'Estramadure* de Cervantès, donnée en 1915 par la « Société littéraire de France ».

Au moment de la déclaration de guerre, Louis Jou avait eu la satisfaction de voir apprécier avec la plus grande faveur l'illustration qui lui avait été demandée par les Cent Bibliophiles, pour accompagner leur

(1) *Art et Décoration*, octobre 1921.

CH. SAUNIER. — *Les Décorateurs du Livre.*   7

édition des *Opinions de M. l'abbé Jérôme Coignard,* imprimée avec les fontes « Nicolas Cochin » dont ils avaient l'étrenne. L'artiste avait, en effet, produit œuvre curieuse s'il en fût. C'était, en grande page, en bandeaux et en culs-de-lampe, une suite de compositions taillées à larges traits sur bois de fil. Morceaux bien francs, très typographiques, se rattachant par l'exécution aux productions des belles époques, par les détails de costume à un passé pittoresque, ce qui lui permettait d'ironiser avec une savoureuse liberté et sans trop choquer les timorés de notre temps, en marge des sous-entendus de l'écrivain. Par là, Jou révèle sa parenté de sang avec Cervantès. Voici, par exemple, agonisant dans un grand lit à baldaquin, la Mort elle-même, pleurée de la foule de ceux qui ont coutume de vivre d'elle. Puis, ce sont trois globes ronds habités chacun par un cyprin qui tourne et tourne dans cet univers rétréci : ainsi vivait, — au moins avant la grande guerre, — la foule de ceux qu'on appelait alors les bourgeois. Maintenant une critique, mais qui atteint moins l'illustrateur que les bibliophiles ordonnateurs du volume. Y a-t-il bien accord entre le « Nicolas Cochin » aux fins déliés, — presque cursifs, — et les images aux traits ressentis, composées et taillées par Louis Jou ? Peut-être l'artiste a-t-il été, lui premier, frappé de ce désacord ? Car, dans les volumes qu'il a depuis décorés, avec chaque fois une part d'initiative plus grande, il a toujours donné ses préférences à une latine robuste, parente de sa conception puissante de l'image. Bien mieux, afin de montrer à quel point, dans la confection d'un beau livre, la typographie prime les enjolivements du dessinateur, on l'a vu, lui l'illustrateur ingénieux, chercher et graver un nouveau caractère avec lequel il a donné *Le Prince* (traduit tout exprès de Machiavel par t'Serstevens), chef-d'œuvre uniquement typographique dont, avec son ami Bosviel, il s'est fait l'éditeur afin d'éviter l'intrusion de tiers (1921). En effet, à part le portrait de Machiavel placé sur la page du titre, les nobles lettres ornées tirées parfois en rouge, enfin les ingénieux culs-de-lampe, il n'y a que la lettre et tout vaut par celle-ci, la façon dont elle est répartie, la perfection de la mise en pages. Mais cette lettre, une sorte de latine modernisée, chassant peu, étant plus haute que large, est pourtant aérée grâce au soin qu'a pris Louis Jou d'en multiplier les variétés : les unes régulières, les autres fioriturées, afin de donner de l'élasticité au texte, de permettre de bien faire tomber les fins de lignes sans renvois, sans espacements abusifs ou blancs en escalier, — défaillances aujourd'hui si fréquentes et toujours si agaçantes pour les amoureux de belles impressions. Cependant, cet acte de piété typographique accomplie, force est à notre artiste de revenir au livre à images. Ainsi a-t-il illustré pour la librairie Mornay la *Rôtisserie de la Reine Pédauque* d'Anatole France et le *Carton aux Estampes*, pages de fin esprit de son ami t'Serstevens. Mais une édition en voie d'exécution du *Discours sur la servitude volontaire* d'Estienne de La Boëtie nous semble devoir surpasser encore ce qui fait jusqu'ici la réputation de Louis Jou.

Ivan Lebedeff, qui a donné à la « Société Littéraire de France » une si savoureuse illustration enluminée de vives couleurs pour les *Contes populaires* de Pouchkine (1918), et, auparavant, les compositions d'un *Roi Lear* (1917) d'un archaïsme coulant de source, vient de plus loin. Fils de paysans russes, il est débarqué à Paris, comme tant d'autres de ses nationaux, avec l'espoir de trouver ici la Terre promise qui lui permettrait de présenter, dans leur forme dernière, ses aspirations d'autodidacte. Bien vite, la vue des admirables impressions des xvᵉ-xvɪᵉ siècles, conservées dans nos bibliothèques, lui a fait abandonner les pinceaux pour le canif du graveur, la toile pour le bois de fil. C'est ainsi que, servi par son intuition plus que par une érudition raisonnée, et attiré par tout ce que la littérature archaïque et celle de ce temps offrent de singulier, il a amoureusement ornementé des livres aussi différents que *les Vies imaginaires* de Marcel Schwob, l'*Arthur Gordon Pym* de Poë, et *le Roman du Renard* (Crès), *Terres de Silence* de S. E. White (Mornay).

Décorateur plus qu'imagier, Raoul Dufy, se trouvant chargé d'orner de bois l'édition du *Bestiaire ou Cortège d'Orphée* de Guillaume Apollinaire, donnée à la Sirène (1921), s'est tiré de sa tâche d'une très heureuse façon. En fait, il avait à embellir un volume dont le texte imprimé de chaque page ne comportait qu'un quatrain. L'illustrateur adopta un parti audacieux : celui de faire prédominer l'ornement sur la typographie rejetée en bas de page sous un imposant motif dont les blancs et les noirs s'équilibrent à la manière indo-persane, avec une évidente richesse décorative. Les motifs à *l'Éléphant*, à *l'Ibis, la Mouche, la Carpe,* comptent assurément parmi les plus réussis. Mais, depuis, Raoul Dufy a doté d'une imagerie au trait, sans accent, et rehaussée de tons criards, *les Madrigaux* de Stéphane Mallarmé. Et ceci nuit à cela.

Dans tous les cas, les principes appliqués naguère et avec le plus grand succès par Raoul Dufy au décor des tissus et présentement à celui des livres *(Bestiaire, Elégies* de G. Duhamel) ont eu une certaine influence. On en trouve trace notamment dans les premiers bois gravés de Georges Baudin *(Odes à Sapho),* depuis auteur de lettres ornées pour l'édition de *la Bacchante* de Maurice de Guérin, donnée par l'Oiseau d'Or, et d'un frontispice pour *l'Escarbille d'Or* de Tristan Klingsor (Chiberre).

Fidèle, lui aussi, au principe des grandes masses, Paul Vera a enrichi de bandeaux, motifs et culs-de-lampe *Les Jardins,* le si beau livre de son frère, André Vera (Émile-Paul, 1919). Cette décoration, très architecturée, qui dans sa fantaisie un peu

cubiste, donne l'impression point désagréable de
bas-reliefs à l'état d'épanelage, est, en effet, d'une
ampleur soutenue et bien proportionnée aux dimensions et aux caractères du volume, un noble in-4°.
Quels yeux ne seraient pas charmés de ces motifs
où la figure se joue parmi une flore lumineuse :
« l'Amour tendant son arc », « le Théâtre de Verdure »,
« la Déesse d'été entourée d'amours » ? Ce sont ces
mêmes qualités qui charment dans les figures et
ornements destinés à la belle édition des *Odes,* de
Paul Valéry, donnée par la « Nouvelle Revue française ». « Ici, a très justement écrit Maurice Heine, les
gravures et les strophes sont vraiment d'une même
valeur, car la lettre ne pâlit point auprès du bois qui
ne fait pas tâche d'encre : une semblable atmosphère
baigne également les lignes du dessin et celles du
texte. » Autre participation non moins heureuse au
volume *Architectures,* donné par la « Nouvelle Revue
française ».

Par leur âge, leurs goûts, leurs tendances, ces
artistes, — de Carlègle à Vera, — appartiennent à
cette génération si curieuse qui a donné sa fleur
de 1905 à 1914. Mais les circonstances ont été telles
que leurs recherches pour le décor du livre n'ont pu
être révélées que ces toutes dernières années. Les
débuts d'Hermann-Paul, dont la participation à
l'image de guerre, — aux xylographes de la guerre
présentant une action simple à l'aide d'un trait puissant, — a été si remarquée, remontent à une époque

SAINT TUPETU

DE

TU-PE-TU

Il est, dans la vieille Armorique.
Un saint — des saints le plus pointu —
Pointu comme un clocher gothique
Et comme son nom : TUPETU.

 21

PL. XXII.

ANDRÉ DESLIGNÈRES.
Armor, 1920.

beaucoup plus ancienne. Les jeunes de son temps se développaient en plein bouillonnement révolutionnaire. La venue d'une société nouvelle ne les effrayait pas. Il faut dire que trop de scandales justifiaient leurs révoltes de conscience. Alors Hermann-Paul avait donné la *Vie de M. Quelconque*, recueil très personnel de dessins dénonçant l'hypocrisie de la société moyenne, ses égoïsmes. Hélas ! tout cela est maintenant dépassé ! Les « Repus » d'Hermann-Paul sont devenus des « Résignés », à moins qu'un mouvement de révolte ne les incite quelque jour à grossir l'armée des spoliés. Après ce maître essai, Hermann-Paul se consacra, non sans talent, aux dessins de mœurs et à l'actualité politique. Mais Forain était plus nerveux et cruel. Or, le voici devenu l'un des plus importants collaborateurs du libraire Pichon chez lequel il avait tout d'abord donné une *Danse macabre* qui obtint le plus vif succès. « Ce sont, a écrit Albert de Bersaucourt, vingt bois aux fougueux contrastes, traités avec une véhémence et une rudesse continues, avec une inflexible et identique méthode, et qui sont francs, nets, précis, directs, comme le geste dont l'accusateur levé désigne le coupable. » Frappé de ces accents et de l'esprit même de cette *Danse,* où la Mort n'intervient pas auprès des personnages pour les haranguer, car « ils sont morts déjà tandis qu'ils se persuadent qu'ils s'amusent, qu'ils raisonnent, qu'ils convoitent, qu'ils luttent, qu'ils désirent, qu'ils jouissent de la gloire, de l'ambition, de la fortune (1) », frappé, dis-je, de ces accents, l'éditeur Léon Pichon a confié à Hermann-Paul la composition et l'exécution de grands bois, bandeaux et culs-de-lampe destinés à un *Villon*, un *Gargantua, la Genèse*. Gros morceaux, on le voit, et qui n'ont pas rebuté le curieux mais peut-être trop facile créateur d'images que fut dans le passé et que menace de redevenir Hermann-Paul, par ailleurs ingénieux dans l'illustration du *Doctrinal des Preux* d'André Mary. Toutefois, dans le *Gargantua*, on trouvera plus d'un bois où, sous l'archaïsme de la taille, se révèlent les qualités d'observation très modernes qui ont depuis longtemps imposé l'artiste. Les personnages de Rabelais ne sont-ils pas de tous les temps ?

Dans cette pleïade d'illustrateurs, Maxime Dethomas se présente, lui aussi, un peu en aîné. Il y a beau temps que ses maquettes de décors d'une nouveauté si savoureuse, que ses fusains si libres et si colorés sont appréciés. Or, ceux-ci devaient l'amener au livre, au livre franchement moderne, et non par le moyen de la lithographie qui permet la multiplication du dessin original, mais par la gravure sur bois. Cependant Dethomas ne manie ni le burin, ni le canif. Mais il a trouvé dans l'éditeur Léon Pichon lui-même, graveur par délassement, un interprète singulièrement compréhensif

(1) *La Minerve Française*, 15 février 1920.

de son trait noble et ample détaché sur un fond de lumière. Aussi les inventions de Dethomas pour la *Campagne romaine* de Chateaubriand, et pour l'album de musique édité à la gloire de François Couperin, *les Folies françaises* ou *les Dominos*, ont-elles largement contribué au succès de ces deux parfaites publications.

Sans la guerre, les Carlègle, les Daragnès, les Louis Jou, dont il a été tout à l'heure parlé, eussent pu connaître la complète notoriété aux environs de 1914. Nombre des livres par eux illustrés et parus depuis l'armistice n'étaient-ils pas en préparation antérieurement aux hostilités? N'en est-il pas, même encore, en instance à l'heure actuelle?

Voici, maintenant, de véritables nouveaux venus. Certes, plus encore pour ceux-ci, la guerre a retardé leur éclosion; en revanche elle a mûri les talents en permettant une production plus lente, plus raisonnée. Dans l'élite de ceux dont il va être parlé, il y a parfois moins d'habileté mais en revanche plus de personnalité, voire de science pratique. Ne bénéficient-ils pas de l'apport de leurs aînés? Bref, il se pourrait bien que le nom de certains d'entre eux fût appelé à rester. En attendant, cette jeune phalange donne une particulière physionomie aux meilleurs volumes de cette heure.

Au premier rang de ces nouveaux venus, et par la conception intelligente, et par l'élégance du dessin, l'excellence de bois gravés riches et brillants, on peut placer Fernand Siméon. Un recueil de dix-sept planches pour une illustration du *Neveu de Rameau* (Meynial, 1919) l'a mis depuis peu en vedette. Rien de plus charmant, d'ailleurs, que cette suite, si typographique qu'il semble qu'elle soit accidentellement séparée de son texte. Ce sont là de fraîches évocations d'une histoire ancienne, si l'on peut dire cela d'un écrit de l'ardent et toujours jeune Diderot. La « Rencontre au Palais Royal », l'évocation de « l'Entremetteuse » sont, entre autres planches, d'une réussite parfaite. Siméon avait, auparavant, pratiqué l'eau-forte, gravant notamment des paysages qui, par leur trait solide, leurs plans bien établis, s'apparentent aux Hervier. Puis, Auguste Lepère, frappé de ses dons, lui mit en mains, avec la fougue joyeuse qui lui était habituelle lorsqu'il rencontrait un débutant sympathique, les outils du graveur sur bois. Fernand Siméon s'adaptait vite au métier et enrichissait de quelques planches intelligentes la collection des *Cent Frontispices* publiés par l'excellent graveur sur bois J.-F. Schmied. Puis, Kieffer lui demandait une illustration du *Bourgeois Gentilhomme* dont la publication est encore, à cette heure, en suspens, quoique les bois du graveur soient exécutés et doivent compter parmi ses meilleurs. Mais les bibliophiles peuvent patienter en feuilletant *le Livre de mon ami* (Crès), la *Révolte des Anges* (Mornay), *Marguerite* (Coq), trois volumes enrichis de frontispices, bandeaux,

LE COMTE MORIN , DEPUTE

E n'étais encore qu'une espèce de grand collégien lorsque Fontanet devint soudainement de conséquence par son titre de licencié en droit, sa barbe précoce et ses opinions avancées. C'était en 1868; il parlait dans des conférences

= 1 =

HENRI BARTHÉLÉMY.
Le Comte Morin, 1921.

culs-de-lampe, lettres ornées s'accordant à merveille en décor, en esprit, avec les textes d'Anatole France. Et n'est-ce pas là le meilleur éloge qui puisse en être fait ! Quel plaisir de regarder aussi les bois du *Candide* que vient de donner Meynial, cette fois avec un texte dont le caractère a été soigneusement étudié. Vraiment, il semble que Siméon soit né pour décorer les livres de ces trois merveilleux écrivains : Diderot, Voltaire, France, tant il y a de goût, d'observation, d'harmonie dans ses images.

Dans les quelques œuvres qu'il a enrichies de grandes compositions et menus ornements, Raphaël Drouart s'est révélé interprète sensible des beaux poètes de tous les temps. Il assouplit ses formes à leurs pensées en des compositions lumineuses et très décoratives, malgré une apparente naïveté d'exécution qui n'est d'ailleurs pas sans charme.

L'éditeur Boutitie a successivement publié, décorées par les soins de Drouart de bois originaux, les *Idylles* de Théocrite, les *Amours* de Ronsard, *la Genèse*, *la Tentation de saint Antoine* ; de lithographies originales, *le Centaure*, *la Bacchante* de Maurice de Guérin. Et, en chaque œuvre, le talent livresque de Drouart apparaît sous des aspects nouveaux. Les *Idylles* sont le prétexte de petites scènes où des nudités jouent parmi la verdure avec une grâce infinie. Il y a quelque chose de plus dans les *Amours*, dont l'arabesque du texte imprimé en belles italiques Garamond s'accorde à merveille avec une illustration dont la fluidité a une douceur de bel émail. Mais voici que dans le dernier volume paru, *la Tentation de saint Antoine*, notre décorateur révèle une face nouvelle de son talent, ici plus réfléchi et susceptible d'évocations poignantes. L'étrangeté de compositions indo-égyptiennes est accrue par l'emploi de camaïeux qui donnent à ses motifs un caractère vraiment antique. Ainsi, telle scène, « la Volupté et la Mort », semble détachée de quelque papyrus dont l'enluminure fut adoucie par un repos bi-millénaire.

Je crois bien que le plus bel avenir est également réservé à Alfred Latour que révélait, en 1920, une suite de bois très sincères, inspirés de l'île Saint-Louis, à Paris, accompagnant un texte de Henry Focillon : *l'Ile oubliée* (Pichon). C'étaient, parmi de beaux blancs, des noirs francs exprimés un peu en ombres chinoises, c'est-à-dire avec, parfois, peut-être pas assez d'atmosphère pour ceux qui sont surtout pris par le charme tout en nuances de la vieille île. Mais, tel quel, le livre avait de l'agrément. Or, le talent de Latour n'a fait que s'affirmer dans les ornements si heureux en même temps que si typographiques qu'il a composés pour *les Rêveries d'un promeneur solitaire* de Jean-Jacques Rousseau (Le Livre), les *Poésies religieuses* de Paul Verlaine, *Sainte Lydwyne* de Huysmans (Crès), *la Victoire et la paix* du président Poincaré (Daragon), *les Paradis artificiels* de Baudelaire (Helleu). De tous ces volumes, *les Rêveries*, sans être le plus important, demeurent le plus charmant. La part de Latour se réduit cependant à une suite de bandeaux motivés par un clavecin, une écritoire, un oiseau dans les branches, un papillon aux ailes ouvertes au centre d'un fond de feuillages, et complétés par des culs-de-lampe inspirés d'objets rustiques. Mais le tout, d'une réussite parfaite, s'accorde merveilleusement avec le format du volume, sa typographie. Pour d'autres raisons, on aimera beaucoup les têtes de chapitre de *Sainte Lydwyne*, étroits bandeaux encadrant des panoramas de villes, des paysages aux perspectives étendues qu'on dirait saisis à travers une étroite fente horizontale pratiquée dans la paroi d'une cellule. Le tout se complète de lettres ornées aérant avec une gentille grâce le texte du mystique volume.

André Deslignères est Berrichon. Or, c'est la vie de province, la grandeur de la campagne vraie, la quiétude des rues de petites villes aux maisons basses habitées par d'humbles gens, qui l'ont le plus heureusement inspiré dans ses bois simples et véridiques, accusant la solidité d'un dessin exprimé par larges traits, mais n'excluant pas un certain rythme ornemental. Aussi, dans sa production déjà considérable, les livres qu'il a le mieux réussis sont ceux des écrivains de terroir, du sien particulièrement. Ici, c'est, entre deux rangées de maisons à demi-closes, le trottinement de petites vieilles : *la*

Mère et l'Enfant (1) ; là, des coins de village où trébuche un paysan noueux : *le Père Perdrix* (2), ou encore, dans l'encadrement de bandeaux, tandis que les culs-de-lampe se blasonnent des outils même de la glèbe, des silhouettes de hameaux mi-enfouis dans une succession de terres mamelonnées : *Belle Plante et Cornélius* (3). Mais André Deslignères a non moins heureusement exprimé le caractère de la côte bretonne dans la suite de motifs accompagnant l'édition d'*Armor*, de Tristan Corbière, donnée par Léon Pichon (1921). La brutalité de ses bois est en accord profond avec la farouche grandeur des vers du poète maudit : des échappées sur la mer expriment puissamment l'âpre mélancolie des grèves infinies et des récifs battus par la vague. Parfois, dans une éclaircie de lumière se dresse le clocher bien architecturé d'une église bretonne. Alors les gens se montrent un peu penchés comme ceux qui marchent contre le vent du large.

Venu du dessin industriel à la décoration du livre, Henri Barthélemy a affirmé du premier coup de véritables dons d'artiste. Ce sera l'honneur de la librairie Mornay de l'avoir révélé, encouragé, en lui offrant l'occasion d'illustrer *l'Enfant* et *le Bachelier* de Jules Vallès, *le Comte Morin député* d'Anatole France.

<hr>

(1) De Charles-Louis Philippe *(Nouvelle Revue franç ise, 1920)*.
(2)   Idem   *(Coq, 1921)*.
(3) De Claude Tillier *(Mornay, 1921)*.

Mais ce sont les bois si distingués, tirés en trois tons, destinés au *Cœur frais de la forêt* de Camille Lemonnier, qui vont sans conteste asseoir sa réputation. Rien de plus neuf, de plus sain, de plus exquis.

A Roger Grillon on ne fera qu'un reproche : celui de ne participer qu'a intervalles éloignés à la décoration du livre, car les bois originaux dont il a enrichi le poème galant de Shakespeare : *Vénus et Adonis,* comptent parmi les plus réussis des éditions Pichon. Maximilien Vox, aidé du reste par sa femme, Marie Ariel, promet d'être plus fécond. En même temps qu'il orne d'un frontispice et de clairs en-têtes de chapitre *les Galanteries à une dame à qui l'on avait donné le nom de Souris* du vieux poète François Sarasin, ne donne-t-il pas maintes et maintes compositions d'un joli esprit, destinées à un périodique de luxe gracieusement nommé *le Jardin de Candide* et qui se publie — autre luxe — à Grasse. Mais le roman de *Candide,* lui-même ? Après Siméon, le voici illustré une seconde fois et sans que les deux illustrations fassent double emploi, par G.-P. Cochet qui a aussi gravé des bois bien curieux pour *le Spleen de Paris* de Baudelaire (Crès).

Que d'autres artistes viennent au livre où promettent d'y venir : F.-A. Cosyns qui donna un frontispice aux *Chimères* de Gérard de Nerval (Pichon, 1919), avant de s'attaquer à *l'Apocalypse* publié par le Dr P.-L. Couchoud dans la collection des « Classiques de l'Orient » (Bossard) ; Gabriel Belot, illustrateur de *Pierre et Luce* de Romain Rolland (Ollendorf), après avoir exécuté pour sa propre satisfaction une suite de purs xylographes : *Pour être heureux* (Helleu); puis Edy Legrand, Quint, Gaspard Maillol, Pierre Noury, Lepreux. Et encore : Achener, auteur de remarquables bois pour *La Faute de l'abbé Mouret* (Mornay).

Veut-on plus étrange, c'est-à-dire des graveurs unissant les modes d'expression du cubisme au naïf faire des livres populaires ? Voici Galanis en belle situation à la « Nouvelle Revue française » pour laquelle il a composé des ornements et des images destinés à la *Gageure* de Brebeuf, à la *Célestine* de F. de Rojas, tandis que pour « La Banderole » il illustrait la *Nuit de Saint-Barnabé* d'Alexandre Arnoux. Voici Pierre Falké auquel cette même « Banderole » a demandé de donner forme graphique aux étrangetés des *Aventures d'Arthur Gordon Pyme* d'Edgard Poë et qui s'est depuis surpassé dans ses compositions accompagnant *Le Pot au Noir* de Louis Chadourne (Mornay); enfin Guy Dollian moins solide et plus bizarre dans ses gravures de la *Légende de Saint-Julien l'Hospitalier* de Gustave Flaubert (Leviste); J.-P. Dubray, illustrateur du *Curé de Tours* de Balzac (André).

Et la gravure sur cuivre ? — Si sa vogue est primée par celle de la gravure sur bois, elle n'est pas pour cela oubliée. Bien mieux, conjointement avec l'eau-forte et la pointe-sèche, le cubisme emploie le

Enthousiaste, la horde porta Dupont en triomphe. Les négresses le couvrirent de fleurs et il les embrassa à toute volée. Le bal tam-tam se prolongea toute la nuit, sous des lanternes vénitiennes suspendues aux branches des manguiers et des arbres à pain. Les électeurs étaient ivres et satisfaits; ils avaient trouvé un grand sorcier. Le grand sorcier se retira avec quelques amis et on aurait pu les entendre rire à se tenir les côtes. La fiole de poison ne contenait que du malaga.

SAINTE-LUCIE

Les cases s'accroupissent entre les langues vertes des bananiers. Des palmes allongent leur reflet sur l'eau d'un canal. La route serpente au bord d'un torrent enfoui sous les

52

PIERRE FALKÉ.
Le Pot au Noir, 1922.

grave burin. Il réhabilite son trait rigide qui décourage toute fioriture mais permet d'accuser des volumes selon une certaine géométrie ornementale. Ainsi fait J.-F. Laboureur qui, après avoir naguère gravé avec talent dans la manière de tout le monde, a brûlé ses vaisseaux pour suivre la galère des plus farouches. Il se tire du reste de cette volte-face avec habileté, sachant doser ses étrangetés. C'est de burins, nous avons déjà eu occasion de le signaler, qu'il a illustré *Beauté, mon beau souci*, de V. Labaud, C'est de burins encore qu'il a orné, chez Camille Bloch, les éditions du *Diable Amoureux* de Cazotte, et de *l'Appartement de Jeunes Filles*, recueil de poèmes de Roger Allard.

Un peu dans son esprit, travaille J.-L. Boussaingault. Mais c'est par l'aquatinte qu'il a illustré *le Supplément au Voyage de Bougainville* de Diderot (Nouvelle Revue française). Au contraire G. Gorvel, l'interprète plein de goût des dessins de Ch. Guérin destinés aux *Trois Contes* de Boccace, adaptés par Jean Moréas (Bernouard), reste fidèle au burin qu'il manie avec sûreté et sensibilité.

Mais voici, utilisée avec un sens très vif de la décoration par André Hofer, une nouvelle technique : la gravure sur pierre. C'est par ce procédé qu'il orne de frontispices et de bandeaux, chez Camille Bloch : *La Rose de Roseim* de Jean Variot, les *Petites Trilogies* de t'Serstevens ; à la « Société littéraire de France » : *Daphnis et Chloé.*

Ch. Saunier. — *Les Décorateurs du Livre.*

Graveur sur bois et aquafortiste par intermittences, Chas-Laborde, qu'une série d'eaux-fortes pour *Jocaste ou le Chat maigre* d'Anatole France a mis en vedette (La Banderole), me semble avoir été surtout heureux dans son illustration du livre de Francis Carco : *Les Innocents* (Renaissance du Livre). C'est que les prétentions à un certain graphisme se trouvent ici atténuées par des recherches d'éclairage rongeant ce que la conception première a d'insistant. Ajoutez à cela que les présentes eaux-fortes, qui, par le sujet et un peu le dessin, paient tribut à Toulouse-Lautrec et à Bottini, sont très heureusement rehaussées de tons d'aquarelles, d'une fraîcheur opportunément séductrice.

Alors que les présents graveurs se cherchaient, Dunoyer de Segonzac était déjà une personnalité. En coquetterie avec le cubisme, son adhésion à cette forme d'art ne l'empêchait pas de donner parallèlement des dessins de noble caractère, ainsi qu'en témoigne certain album de danses consacré à Isadora Duncan. Segonzac a, depuis, fait la guerre et, chargé d'apporter aux *Croix de bois* de Roland Dorgelès le témoignage de sa pointe, il a doté l'ouvrage de dessins et d'eaux-fortes dont le romantisme à la Chifflart n'a pas besoin d'une coloration adjuvante.

Au moment de clore cette revue de tant de livres aux tendances artistiques si diverses, voici bien un autre événement. Le plus puissant sculpteur du temps présent, Émile-Antoine Bourdelle, apporte au livre sa collaboration, et cette participation est si belle qu'on en oublie règles et systèmes. Une telle personnalité n'a pas, en effet, a connaître des entraves où se débattent tant d'autres. Ce que l'on exige, au contraire, c'est qu'elle puisse s'affirmer librement. Mais les données sont renversées. Le décor prime le texte. Pour une fois qui s'en plaindrait?

Émile-Antoine Bourdelle qui est, par surcroît, un merveilleux fresquiste, a donc conçu pour la décoration d'une histoire de *La Reine de Saba*, — translatée de l'arabe en français par le Dr Mardrus, — une suite de compositions rehaussées de couleurs. Et l'archaïsme voulu du dessin s'alliant à des tonalités précieuses voilées d'une matité de fresque réalise les plus rares et exquises visions. Pourtant, ni recherche de couleur locale, ni restitution archéologique, mais un monde très ancien ranimé à la chaleur d'une invention sans égale. On s'émerveille vraiment que le génie de l'artiste ait pu lui suggérer des morceaux tels que « le Roi Salomon », « le Liseur d'astres », « l'Amour soulevant le voile d'Isis ». Évocations harmonieuses et gemmées, passant en beauté les plus subtiles rêveries du lecteur ensorcelé.

Pour rendre de telles visions, qu'importent les procédés; le meilleur sera celui qui approchera le plus fidèlement des créations originales. Or, cette fois, c'est par le moyen du coloris au patron recouvrant le fac-similé du trait qu'ont été reproduites les petites fresques de Bourdelle. Et ces soins font honneur au spécialiste Saudé dont le goût sûr a mené à bien un aussi délicat travail.

Pour être importante par le nombre des images et magnifique par l'originalité de la conception, cette contribution au livre n'est pas nouvelle chez Émile-Antoine Bourdelle. Une *Isadora Duncan* avec texte de F. Divoire (Les Muses françaises) fut déjà ornée de ses dessins. On en trouverait aussi d'épars dans quelques autres volumes. Mais nous nous souvenons, surtout, d'avoir vu autrefois, épinglée sur les murs de son atelier, une illustration pour *Césette*, le roman de son compatriote Émile Pouvillon. C'était au temps de son arrivée à Paris, c'est-à-dire il y a bien long-temps et cependant notre souvenir est vivace comme si ces travaux nous étaient révélés d'hier. La série se composait de beaux et sobres dessins au crayon ou à la plume et certains faisaient penser à Millet; d'autres, lavés de sépia, avaient une fougue toute romantique. Pourquoi faut-il qu'ils n'aient jamais été utilisés! Mais, au fait, pourquoi les nobles et puis-sants dessins de Rodin pour *l'Enfer* n'ont-ils jamais tenté les bibliophiles, alors que tant de balbutiements trouvent leur emploi?

Revenons au cas de *la Reine de Saba*. Grâce à la puissante personnalité de Bourdelle, voici l'accord de l'image et du texte remis en cause; voici la repro-duction mécanique, la main-d'œuvre non plus artiste mais plus ou moins ouvrière, à l'ordre du jour. Sous prétexte de jolie invention, du gracieux coloris, que de publications vont naître, que de peintres aimables, mais de dessin peu consistant, vont entrer en scène. Et justement voici un charmant artiste, Pierre Laprade, qui est appelé à parsemer de croquis fragiles relevés de fins tons d'aquarelles, habilement reproduits par les ateliers Marty et Jacomet, les beaux poèmes d'André Lamandé : *Sous le clair regard d'Athénée* ainsi que les *Fêtes Galantes* de Paul Verlaine (Bernheim Jeune). Choix heureux qui permettra au gracieux papillon de jeter çà et là le plus savoureux de ses jolies colorations.

D'autre part, la « Librairie de France », entreprenant avec l'aide des procédés mécaniques et du coloris au patron une luxueuse édition des œuvres complètes de Gustave Flaubert, charge Laprade d'agrémenter d'indications aquarellées le puissant roman de *Madame Bovary*. Alors les recommandations de Paul-Louis Courier à sa jeune cousine Pigalle qui vient de recevoir la confidence de la sombre aventure de Paul-Louis en Calabre me reviennent en mémoire : « Cousine, obligez-moi : ne contez point cette histoire... Voulez-vous conter ? prenez des sujets qui aillent à votre air, Psyché, par exemple. »

*
* *

Achevons ici la revue de tant de livres et de noms d'artistes. Mais, pourquoi n'avoir pas rencontré parmi ceux-ci Louis Chadel que connaissent pourtant bien les bibliophiles habitués à recourir au primesaut de sa pensée, à la souplesse de sa main pour le décor de leurs reliures d'art? Pourquoi ces mêmes personnages n'ont-ils jamais demandé à l'aquafortiste Pierre-Louis Moreau d'enrichir quelque volume de ses fines eaux-fortes? De quelles merveilles il accompagnerait, par exemple, un choix de nouvelles inspirées de cette Provence qu'il a si souvent parcourue. Paul Arène, le grand écrivain, et Alphonse Daudet, le fin esprit, sont-ils si oubliés qu'il faille parfois pour établir un livre cher, un livre de bibliophile, recourir à tant de singuliers prosateurs qui n'ont vraiment que le mérite de la fécondité ou le génie d'une réclame bien entendue, inlassable! — Mais pardon! Voici que l'éditeur Kieffer annonce la publication prochaine du *Poème du Rhône* de Mistral, avec eaux-fortes originales de P.-L. Moreau. C'est parfait. — Enfin, pourquoi n'avoir, non plus, jamais demandé à Jules Migonney, auteur de nombre de bois de haut caractère sur la vie arabe, une illustration pour un livre de Pierre Loti, un roman de Farrère, ou l'une des études marocaines des Tharaud?

VI

LA RENAISSANCE
DE L'ÉDITION FRANÇAISE
ÉTENDUE AUX VOLUMES DE DEMI-LUXE

L'EFFORT conjugué des artistes et de certains éditeurs pour doter la librairie française de livres
point trop indignes de son passé semble, notre
enquête en témoigne, avoir très honorablement
abouti. Le livre de bibliophile, le livre d'artiste,
connaissent la pleine prospérité! Mais cet effort ne
sera pleinement fécond que le jour où l'ensemble des
publications de librairie bénéficiera du mouvement
jusqu'ici réservé à la satisfaction d'une élite.

Si l'on excepte « Les Maîtres du Livre », et, chez
Conard, les éditions parfaites sous tous les rapports des œuvres complètes des grands écrivains du
XIXᵉ siècle, Balzac, Vigny, Flaubert, etc., entre les
ouvrages de luxe et le volume courant il n'y eut,
jusqu'aux approches de la guerre, pour ainsi dire
point d'intermédiaire (1). Le livre de petit prix

(1) Rappelons pourtant, depuis la prise de possession par un lettré,
A. P. Garnier, de l'ancienne librairie Garnier frères, la publication de la

était invariablement mal imprimé et tiré sur mauvais papier. Et qu'était cette indigence de présentation matérielle à côté de la défectuosité des textes : alinéas entiers tombés au tirage, fins de vers du recueil d'un poète illustre indéchiffrables dans les dernières éditions, par suite de l'emploi de clichés détériorés. Pour les gens de goût mais de moyens modestes, n'y avait-il vraiment pas possibilité de présentations acceptables de leurs auteurs favoris?

Le problème n'avait pas échappé à l'éditeur Édouard Pelletan qui, pour satisfaire aux principes de la philosophie positiviste dont il était un fervent adepte autant que pour prêcher d'exemple comme éditeur, avait dès 1899 innové la petite collection « Artistes et Penseurs ». C'étaient, vendus au prix de 5 francs, des volumes in-8° cavalier, tirés en noir et rouge, sur bon papier, et ornés de vignettes et fleurons dus aux meilleurs artistes de la maison. On y trouvait, ornés de dessins et gravures de Carrière, Bellery-Desfontaines, Florian, Perrichon, Mathieu etc..., un *Beethoven* de Romain Rolland, un *Eugène Carrière* de Gabriel Séailles, une étude sur le *Faust* de Gœthe due à Pierre Laffitte.

L'idée devait être reprise par son gendre et successeur, René Helleu, qui, forcé d'ailleurs de renoncer à un tarif suspect aux bibliophiles sans attirer le

collection de classiques « Selecta » de laquelle on peut rapprocher la série « In Angelo » de Bosse et l'excellente « Bibliothèque du Bibliophile », de Lardanchet, de Lyon.

grand public à ce moment-là assez indifférent à la présentation, a innové des séries de volumes d'un prix moyen donnant toute satisfaction aux ambitions des délicats et même aux maniaques de la bibliophilie rassurés par leur tirage limité : dans le format in-8° carré, les collections « Helleu-Pelletan » et « Adolphe Bordes », volumes composés de textes, — classiques et maîtres contemporains, — soigneusement collationnés et imprimés avec des caractères différents répondant à l'esprit ainsi qu'à l'époque de chaque ouvrage et accompagnés d'ornements spéciaux ; — dans le format in-16, « Philosophes et moralistes », également enrichie de portraits, bandeaux fleurons, dus pour la plupart à J.-L. Perrichon qui s'est montré une fois de plus dessinateur inventif autant que bon graveur. Il y a, dans tels et tels, les *Lettres de Jean de La Fontaine à sa femme,* par exemple, des visions de nature d'un charme infini.

L'exemple a été suivi par la « Société littéraire de France » qui a lancé depuis la guerre diverses collections de même esprit et dans des prix accessibles à tous les délicats : collection in-8° « Classiques de demain » (Rémy de Gourmont, Georges Courteline, Henri de Régnier); « Classiques étrangers » (Benvenuto Cellini, Daniel de Poë, William Shakespeare); « Poètes et Prosateurs modernes » (Maurice Barrès, André Billy, Henri Ghéon) ; — collection in-16 : « Petites œuvres classiques » (Amyot, du Bellay,

Pascal, Baudelaire). Pour le décor de ces volumes, tous très plaisants d'aspect, les bons graveurs Jacques Beltrand et Jules Germain et les novateurs André Hofer, Guy Dollian, Pierre Roy, etc..., ont fait merveille.

Contre le goût contestable de la généralité des publications religieuses réagit la « Librairie de l'Art Catholique » qui édite avec un louable souci de belle typographie des textes mystiques de Paul Claudel, Francis Jammes, Henri Ghéon, etc... Quant aux textes profanes, certains trouvent un joli asile aux « Bibliophiles fantaisistes » de Dorbon aîné.

De son côté, la librairie Bossard a récemment lancé, sous la direction de ce penseur original qu'est Gonzague Truc, la « Collection des Chefs-d'Œuvre méconnus », choix de textes soigneusement revisés et bien imprimés dans un format commode (in-16 grand aigle), sur velin pur chiffon, par Frédéric Paillart d'Abbeville. Point d'illustrations ni d'ornements particuliers, mais en tête de chaque volume un portrait gravé sur bois par Achille Ouvré qui, toutefois, nous semble mieux inspiré comme graveur sur métal. La même librairie a depuis présenté, dans une forme parente mais améliorée, les « Classiques de l'Orient » pour lesquels Andrée Karpelès et quelques autres artistes ont très heureusement dessiné et gravé sur bois des bandeaux et culs-de-lampe interprétant des motifs asiatiques. C'est également à l'Orient et aux nobles romans de chevalerie que sont empruntés les textes mis en valeur avec tant de goût, mais à l'aide des procédés chromographiques, par « l'Édition d'Art » (Piazza) qui, à côté d'éditions monumentales, publie une suite de volumes in-18, de petit prix, quoique d'une présentation parfaite : *Romancero moresque, Sakountala,* etc.

Un beau livre peut très bien se passer d'images, Louis Jou, avec son admirable Machiavel, l'a prouvé. Mais la chose est surtout vraie pour les éditions destinées aux intellectuels de moyens modestes. Avec de beaux caractères tirés avec soin sur un papier avouable, il est facile d'établir des livres charmants. Ainsi l'avaient pensé, dès 1912, deux lettrés : Pierre-Paul Plan et Charles Martyne qui créaient chez l'éditeur Payot une « Petite bibliothèque romantique », recueil de réimpressions très soignées, présentées autant que possible sous l'aspect des éditions originales. Mais, après les *Rêveries du promeneur solitaire* de J.-J. Rousseau, *les Paroles d'un Croyant* de Lamennais, *Aurélie* de Gérard de Nerval, la tentative prenait fin.

Depuis, l'idée a été reprise avec quelques modifications par Alexandre-Gaspard Michel qui, à «l'Enseigne d'une Folie » (Émile Paul), a publié quelques parfaits petits ouvrages, beaux de leur seule typographie, — un caractère et des ornements Cochin, — : *le Neveu de Rameau* de Diderot, *Du Dandysme et de Georges Brummel* de Barbey d'Aurevilly, *la Princesse de Babylone* de Voltaire, etc. Et l'effet est si heureux qu'on oublie de souhaiter, entre ces pages, une imagerie quelconque.

Or, dans cet esprit, chaque jour voit naître une nouvelle tentative.

Puissent ces efforts et réalisations apaiser les mânes du doux Ballanche qui, jadis, écrivait si mélancoliquement : « Tant qu'on vit, il ne faut jamais abandonner ses enfants (ses livres) à la charité publique ; c'est bien assez qu'après nous il doive en être forcément ainsi. »

***

Ainsi donc il y a renouveau dans l'édition française. Tout concourt à cette renaissance : l'intérêt du libraire comme le goût des bibliophiles dont le nombre s'accroît sans cesse. L'artiste décorateur raisonne mieux que jamais de son art. Reste l'ouvrier. Or, de sérieuses imprimeries reprennent les honnêtes traditions : leurs collaborateurs voient mentionner leurs noms dans les colophons. Au salaire s'ajoute ainsi la satisfaction morale. Il n'est pas jusqu'à l'École Estienne, l'école jadis si décriée du Livre, qui, sous l'impulsion de son directeur, M. Georges Lecomte, ne réalise parfois des plaquettes charmantes, dues uniquement aux élèves bien préparés par des professeurs tels que Henry de Waroquier et Robert Bonfils.

Ayons donc bon espoir.

TABLE DES PLANCHES

PLANCHE I : ÉRASME : *Éloge de la Folie.* — « Les Amis des Livres », 1906. — Mise en pages et gravures sur bois originales, en couleurs, d'AUGUSTE LEPÈRE.

PLANCHE II : JULES LAFORGUE : *Moralités Légendaires.* — « Mercure de France »; 1897. — Mise en pages et gravures sur bois originales de LUCIEN PISSARRO.

PLANCHE III : J.-K. HUYSMANS : *La Cathédrale.* — Blaizot et Kieffer édit., 1909. — Eaux-fortes originales de CHARLES JOUAS.

PLANCHE IV : *Les Pastorales de Longus* ou *Daphnis et Chloé.* — Ambroise Vollard éditeur, 1902. — Lithographies originales de PIERRE BONNARD.

PLANCHE V : TRISTAN KLINGSOR : *Petits métiers des rues de Paris.* — Paris, 1904. — Mise en pages et gravures sur bois originales de JACQUES BELTRAND.

PLANCHE VI :   *Petites fleurs de Saint François d Assise.* — Jacques Beltrand éditeur, 1913. — Compositions de Maurice Denis gravées sur bois, en couleurs, par Jacques Beltrand et ses frères.

PLANCHE VII :   ANATOLE FRANCE : *La Terre et l'Homme.* — Édouard Pelletan éditeur, 1912. — Ornements et gravures sur bois originales de Paul-Émile Colin.

PLANCHE VIII :   *Œuvres de François Villon.* — Ambroise Vollard éditeur, 1920. — Mise en pages et gravures sur bois originales d'Émile Bernard.

PLANCHE IX :   *Le Grand Testament de François Villon.* — Ouvrage préparé, en 1913, par André Peignot fondeur en caract. et édit. — Dessins de Bernard Naudin.

PLANCHE X :   PAUL VERLAINE : *Les Fêtes Galantes.* — Helleu éditeur, 1919. — Lithographies originales de Ch. Guérin.

PLANCHE XI :   GÉRARD DE NERVAL : *Sylvie.* — « Société littéraire de France », 1919. — Gravures sur bois originales, en couleurs, de Robert Bonfils.

PLANCHE XII :   PASCAL : *Discours sur les Passions de l'Amour.* — Léon Pichon imprimeur-éditeur, 1920. — Gravures sur bois originales de Carlègle.

PLANCHE XIII : GÉRARD DE NERVAL : *La Maison enchantée.* — Léon Pichon imprimeur-éditeur, 1920. — Gravures sur bois originales de DARAGNÈS.

PLANCHE XIV : *La Chastelaine de Vergi.* — Léon Pichon imprimeur-édit., 1920. — Gravures sur bois originales de ROUBILLE.

PLANCHE XV : MACHIAVEL : *Le Prince.* — Jou et Bosviel éditeurs, 1921. — Gravures sur bois originales et caractères d'imprimerie de LOUIS JOU.

PLANCHE XVI : ANDRÉ VÉRA : *Les Jardins.* — Émile Paul frères éditeurs, 1920. — Mise en pages et gravures sur bois originales de PAUL VÉRA.

PLANCHE XVII : FRANÇOIS RABELAIS : *Gargantua.* — Léon Pichon imprimeur-éditeur, 1920. — Gravures sur bois originales par HERMANN-PAUL.

PLANCHE XVIII : CHATEAUBRIAND : *La Campagne Romaine.* — Léon Pichon impr.-édit., 1919. — Dessins de MAXIME DETHOMAS gravés sur bois par LÉON PICHON.

PLANCHE XIX : ANATOLE FRANCE : *Le Livre de mon Ami.* — G. Crès et Cⁱᵉ éditeurs, 1921. — Gravures sur bois originales de F. SIMÉON.

PLANCHE XX :   *Idylles de Théocrite.* — G. Boutitie éditeur, 1920. — Gravures sur bois originales de Raphael Drouart.

PLANCHE XXI :   J.-J. ROUSSEAU : *Les Rêveries du promeneur solitaire.* — Édité par « le Livre », 1921. — Ornements gravés sur bois par Alfred Latour.

PLANCHE XXII : TRISTAN CORBIÈRE : *Armor.* — Léon Pichon imprimeur-éditeur, 1920. — Gravures sur bois originales d'André Deslignères.

PLANCHE XXIII : ANATOLE FRANCE : *Le Comte Morin.* — G. et A. Mornay éditeurs, 1921. — Grav. sur bois originales et lettres ornées de Henri Barthélémy.

PLANCHE XXIV : LOUIS CHADOURNE : *Le Pot au Noir.* — G. et A. Mornay éditeurs, 1922. — Gravures sur bois originales de Pierre Falké, coloriées au patron.

TABLE DES MATIÈRES

Pages

Avant-propos 1

CHAPITRE PREMIER

Les Artisans du beau Livre 5
Coup d'œil rétrospectif sur les procédés de décoration et d'illustration du Livre.

CHAPITRE II

Physionomie du beau Livre au début du XX⁰ siècle 13
Caractère du Livre moderne. — Sa rénovation par les groupements d'artistes. — Le point de vue d'un grand amateur : Henri Béraldi. — Un libraire d'avant-garde : Édouard Pelletan. — Les sociétés de Bibliophiles. — Imprimeurs et fondeurs en caractères.

CHAPITRE III

Les Décorateurs du Livre en 1900 29
L'œuvre d'Auguste Lepère. — Quelques personnalités : Forain, Willette, Vierge, Grasset, Giraldon, Bellery-Desfontaine, Gérardin, et leurs graveurs : les Florian et les Froment, L. Dété, H. Paillard, Jules Germain et J.-L. Perrichon.

Le Livre d'artiste : Lucien Pissaro, Georges Jeanniot, Charles Jouas, Gustave Leheutre, H. Paillard. — L'édition de Bibliophile bien entendue : H. Floury.

CH. SAUNIER. — *Les Décorateurs du Livre.* 9

Pages

CHAPITRE IV

La Décoration du Livre indépendant vers 1914 55

Les Éditions Vollard. — Pierre Bonnard, Armand Séguin. — L'atelier des Beltrand. — Maurice Denis et Jacques Beltrand. — La xylographie simplifiée : P.-E. Colin, Emile Bernard. — Un visionnaire : Bernard Naudin. — Les Éditions Helleu et Kieffer : Ch. Guérin, Drésa, Picard-Ledoux, Hémard, Robert Bonfils. — « Les Maîtres du Livre ».

CHAPITRE V

Le beau Livre depuis la guerre 81

La jeune Édition : Pichon et Bernouard. — Groupements littéraires. — Les Décorateurs du beau Livre. — La Figure et le Décor : Carlègle, Daragnès, Louis Jou. — L'Ornement : Raoul Dufy, Paul Vera. — La Satire : Hermann-Paul. — Les Maîtres de demain : F. Siméon, R. Drouart, A. Latour, A. Deslignères, H. Barthélémy, Roger Grillon, M. Vox, etc.

Retour à l'illustration par le cuivre : Laboureur, Gorvel, Chas-Laborde, Dunoyer de Segonzac. — Le Livre d'artiste : A.-E. Bourdelle.

CHAPITRE VI

La Renaissance de la Typographie française étendue aux volumes de demi-luxe 119

Librairie Pelletan-Helleu et Société littéraire de France : Collection « Artistes et Penseurs », « Philosophes et Moralistes », « Petites œuvres classiques », etc.

Les chefs-d'œuvre méconnus. — Éditions Piazza. — Petite Bibliothèque romantique. — Collection à « l'Enseigne d'une Folie ». — L'École Estienne.

Ce volume a été imprimé
en novembre 1922 par
l'imprimerie Paul Dupont, à Paris.

www.ingramcontent.com/pod-product-compliance
Lightning Source LLC
LaVergne TN
LVHW012020170726
843503LV00001B/353